G. Ravazzi

W0206269

LES OISEAUX DOMESTIQUES

DE CAGE ET DE VOLIÈRE

ÉDITIONS DE VECCHI S.A.
52, rue Montmartre
75002 PARIS

Malgré l'attention portée à la rédaction de cet ouvrage, l'auteur ou son éditeur ne peuvent assumer une quelconque responsabilité du fait des informations proposées (formules, recettes, techniques, etc.) dans le texte.
Il est conseillé, selon les problèmes spécifiques – et souvent uniques – de chaque lecteur, de prendre l'avis de personnes qualifiées pour obtenir les renseignements les plus complets, les plus précis et les plus actuels possible.

Je tiens à remercier Monsieur Ermelindo pour l'aide précieuse qu'il m'a apportée dans mes recherches : les documents (iconographiques notamment) qu'il a mis à ma disposition m'ont permis d'enrichir cet ouvrage et de rendre sa lecture plus agréable. Tous les sujets photographiés proviennent de son élevage Luisa situé à San Michele, près d'Alexandrie (Italie).

Je dédie cet ouvrage à tous ceux qui, depuis des années, écoutent patiemment mes récits sur telle ou telle espèce.

En couverture, au premier plan : Ara Macao © Français/Cogis ;
en haut à gauche : Amazone © Hermeline/Cogis

Traduction de Véronique Mie

© 1997 Éditions De Vecchi S.A. - Paris
© 2002 Nouvelle édition - Éditions De Vecchi S.A. - Paris
Imprimé en Italie

La loi du 11 mars 1957 n'autorisant, aux termes des alinéas 2 et 3 de l'article 41, d'une part, que les « copies ou reproductions strictement réservées à l'usage privé du copiste et non destinées à une utilisation collective » et, d'autre part, que les analyses et les courtes citations dans un but d'exemple et d'illustration, « toute représentation ou reproduction intégrale, ou partielle, faite sans le consentement de l'auteur ou de ses ayants droit ou ayants cause est illicite » (alinéa 1er de l'article 40).
Cette représentation ou reproduction, par quelque procédé que ce soit, constituerait donc une contrefaçon sanctionnée par les articles 425 et suivants du Code pénal.

Sommaire

Introduction

Toutes sortes d'oiseaux vivent en captivité depuis des siècles. À l'origine, on n'élevait que les espèces que l'on jugeait utiles : celles que l'on mangeait et celles dont on mangeait les œufs. Les espèces ornementales occupent désormais une place de plus en plus importante.
Qu'ils vivent à la maison ou dans le jardin, on éprouve une immense satisfaction à posséder des oiseaux. Ces volatiles joyeux et colorés ont souvent des chants harmonieux, et l'on prend tout autant de plaisir à regarder leur magnifique plumage qu'à écouter leurs mélodies. S'il s'agit de Perroquets ou de Mainates religieux, il est également plaisant de les entendre parler. On doit donc, en retour, faire en sorte qu'ils mènent une vie saine et agréable. Il est important de les installer dans un habitat adapté, de leur offrir une alimentation équilibrée et de veiller à leur propreté et à leur hygiène. Il faut aussi, s'il s'agit d'un couple, préparer un environnement propice à la reproduction.
Le monde des oiseaux est vaste, et nous ne saurions être exhaustif dans cet ouvrage. Nous avons donc choisi d'examiner ici les oiseaux de cage et de volière les plus répandus et les plus appréciés. Par souci de clarté, nous avons réparti les oiseaux en différents groupes, selon leur taille et leurs habitudes de vie.
Ce livre renferme trois parties. La première présente les différentes espèces sous forme de fiches monographiques. Ces fiches comprennent une description générale ainsi que des informations concer-

nant l'habitat naturel, l'alimentation, l'élevage et la reproduction. Elles précisent également s'il est facile ou non de trouver, dans le commerce, les espèces les plus répandues.
La deuxième partie est consacrée à l'alimentation des sujets adultes (des tableaux présentent l'alimentation conseillée aux divers groupes) et à l'élevage ; nous accorderons une attention toute particulière à la reproduction.
La troisième partie traite des principales maladies susceptibles de frapper les oiseaux. Nous décrirons leurs symptômes, et nous expliquerons comment prévenir et guérir ces affections.
Nous espérons que tous ceux qui aiment ces magnifiques créatures ailées et colorées tireront de précieux enseignements de la lecture de cet ouvrage, et passeront de très agréables moments en sa compagnie.

En France, l'article 211-1 du Code rural interdit toute capture, détention, utilisation, commercialisation, transport, colportage d'espèce protégée. Le Chardonneret élégant, le Verdier d'Europe, le Toui du Mexique, le Caïque maïpouri, l'Ara ararauna, l'Amazone à tête blanche et l'Ara chloroptère figurent parmi ces espèces. Leur commerce et leur transport sont donc strictement interdits sur le territoire métropolitain, à l'exception du Toui, du Caïque et de l'Amazone qui peuvent être transportés, mais non commercialisés dans le département de la Guyane.

Par ailleurs, la bague fermée ne peut être considérée comme une preuve de naissance en captivité, ce qui a été reconnu par la XVIe chambre correctionnelle de Paris, dans un jugement du 29 mars 1996. En effet, la pose de bagues fermées est aussi facile sur de jeunes oiseaux prélevés au nid dès leur plus jeune âge que pour un spécimen né et élevé en captivité.

PREMIÈRE PARTIE

LES DIFFÉRENTS GROUPES

Avant d'entrer dans le vif du sujet, il convient d'expliquer ce que nous entendons par « oiseaux de cage et de volière ». Il est en effet difficile de donner à ce terme une définition objective, et chaque auteur peut désigner, sous cette appellation, n'importe quel oiseau élevé en captivité actuellement.

Dans ce livre, nous parlerons d'oiseaux qui peuvent vivre aussi bien en cage, à l'intérieur, qu'en volière, à l'extérieur. Nous étudierons des petits oiseaux appartenant aux familles les plus variées, des Perroquets de toutes tailles et une seule espèce d'oiseaux terrestres : les Perdrix, Faisans, Paons ou Cygnes ont en effet besoin d'espace et leurs conditions de vie sont différentes de celles que l'on peut leur offrir chez soi.

La classification adoptée dans cet ouvrage répond à un souci de clarté. Chaque groupe comprend des oiseaux de familles différentes, mais dont le mode de vie et l'alimentation sont semblables.

Les granivores de petite taille

Il s'agit d'un groupe très vaste, qui réunit des oiseaux de petite taille. Nous parlerons de certains Fringillidés, et nous consacrerons une fiche à chaque espèce. Précisons qu'il en existe beaucoup d'autres, dont les habitudes et les exigences sont semblables à celles des espèces décrites ici : ainsi le Verdier de l'Himalaya, le Tarin à tête noire ou le sympathique et joyeux Serin du Mozambique. Nous étudierons aussi quelques Estrildidés. Nous examinerons les plus importants, sans oublier toutefois que d'autres ont un mode de vie analogue et peuvent également vivre en captivité : ainsi l'Amarante enflammée, le Diamant à gouttelettes, le Bec-de-plomb à tête grise, pour n'en mentionner que quelques-uns[1].

1. Pour de plus amples informations sur les Estrildidés, nous vous conseillons de consulter le *Guide des oiseaux exotiques* de G. Ravazzi aux Éditions De Vecchi, 1995.

Couple de Verdiers de l'Himalaya

Les Plocéidés constituent aussi une famille importante, et nous analyserons certains d'entre eux, auxquels nous aurions pu ajouter la Veuve à queue de paille, le Combassou et tant d'autres, qui peuvent vivre en cage comme en volière.

Tarins à tête noire (mâles)

Serin du Mozambique

Amarante enflammée (femelle)

Diamant à gouttelettes

Bec-de-plomb à tête grise

Veuve queue de paille (mâle)

Veuve queue de paille (femelle)

Combassou : le mâle est au centre, avec son plumage d'un noir luisant caractéristique ; la femelle, à gauche, présente une livrée brune à rayures ; le jeune mâle, à droite, se reconnaît facilement à sa livrée encore incomplète.

En raison de leur taille, certains Estrildidés, Fringillidés et Plocéidés seront étudiés dans la partie consacrée aux granivores de taille moyenne.

D'une manière générale, tous les granivores de petite taille s'adaptent bien à la vie en cage ou en volière.

Il ne faut jamais oublier qu'un oiseau est d'autant plus heureux qu'il dispose d'espace. Il faut donc choisir un habitat adapté, qui sera différent selon que l'on adopte un seul couple, plusieurs couples de la même espèce ou plusieurs espèces différentes.

BEAU-MARQUET

Nom scientifique : *Pytilia melba*
Famille : Estrildidés
Description : le mâle a un bec rouge ; son front, ses joues, ses brides, son menton et sa gorge sont rouge vif, sa nuque et les côtés de son cou gris clair ; il présente un dos vert, une poitrine jaunâtre, des ailes verdâtres, des flancs et un ventre blanchâtres avec des nuances plus sombres ; ses sus-caudales sont rouges, et ses pattes brunes. Chez la femelle, le gris domine (avec des nuances plus foncées) ; elle ne porte pas de rouge.
Taille : 12 cm.
Habitat naturel : il vit dans les steppes africaines, au sud du Sahara, et préfère les régions buissonneuses.
Caractère : il se montre tranquille et docile, sauf pendant la période de reproduction, le mâle devenant alors agressif. Le chant des deux sexes est beau, sonore et mélodieux, mais la femelle a des inflexions plus basses.

Couple de Beau-marquets

Alimentation : son régime de base se compose de panic et d'autres graines, ainsi qu'un peu de pâtée pour insectivores. On peut y ajouter de la pâtée à l'œuf, un os de seiche, du gravier et des légumes frais.
Accouplement et reproduction : cet oiseau s'accouple difficilement ; il a besoin de tranquillité, d'une végétation abondante et, en captivité, d'un grand choix de nids artificiels. Le mâle accomplit des danses amoureuses autour de la femelle. Il l'aide à couver les œufs (de 4 à 7) pendant les 13 jours d'incubation. Les petits sont autonomes vers l'âge de 30 jours.
Vie en captivité : le Beau-marquet s'adapte tout aussi bien à la vie en cage qu'aux volières à l'extérieur. Ses couleurs vives et ses talents de chanteur en font un excellent oiseau de compagnie.
Diffusion : il n'est pas très facile de le trouver car les importations sont rares et on obtient encore peu de sujets de cette espèce en captivité.

*Il existe une sous-espèce de Beau-marquet (*Pytilia afra*) en tout point semblable à celle que nous avons décrite, à l'exception de ses couleurs, qui sont plus pâles. Elle vit au Mozambique, en Abyssinie et au Zimbabwe.*

BENGALI DE BOMBAY

Nom scientifique : *Amandava amandava*
Famille : Estrildidés
Description : contrairement à la plupart des autres Estrildidés, le mâle et la femelle ont un plumage nuptial différent. Le mâle en livrée nuptiale est rouge, et l'on remarque, sur son ventre, des nuances jaunes ou brunes selon les sous-espèces. Ses flancs, ses ailes et ses sous-caudales sont tachetés de blanc. Son bec est rouge, son œil bordé d'une bande noire qui se prolonge jusqu'à la zone auriculaire.
La femelle et le mâle en livrée d'éclipse sont gris-brun ; leurs flancs sont mouchetés de blanc, leur bec est rougeâtre. La bande noire qui entoure l'œil est moins marquée chez les femelles. Les jeunes ont un bec gris-violet.
Taille : 9 cm.
Habitat naturel : il vit dans des zones broussailleuses et s'adapte très bien à un environnement hostile. Il existe un grand nombre de sous-espèces, toutes très semblables, que l'on peut rencontrer en Inde, en Indochine, en Indonésie, en Chine, en Malaisie, aux Philippines ou en Birmanie.

Bengali de Bombay (mâle)

Bengali de Bombay (jeune femelle)

Caractère : joyeux et résistant, cet oiseau s'adapte facilement à la vie en cage à l'intérieur, ou en volière à l'extérieur.
Alimentation : son régime de base se compose d'un mélange de graines et de pâtée à l'œuf. Il doit aussi avoir à sa disposition un os de seiche, du gravier et du mouron blanc.
Accouplement et reproduction : ce bengali se reproduit très facilement, en liberté comme en captivité. En nature, il construit un nid sphérique au milieu des buissons. La femelle pond 4 ou 5 œufs qui éclosent au bout de 11 jours. Les petits quittent le nid à l'âge de 3 semaines et sont indépendants au bout de quelques jours. En captivité, il faut mettre à la disposition des oiseaux de nombreux nids artificiels, ainsi que le matériau dont ils ont besoin pour les garnir. Ils nidifient en cage comme en volière, même s'ils vivent en colonie.
Vie en captivité : cette espèce s'y adapte très bien. Le mâle et la femelle ont le même chant doux.
Diffusion : bien qu'il soit peu commun, on le trouve facilement dans le commerce.

Les éleveurs recherchent avec une attention toute particulière les sujets « mélaniques », dont le ventre et les sous-caudales sont noirs.

BOUVREUIL GITHAGINE

Nom scientifique : *Rhodopechys githaginea*
Famille : Fringillidés
Description : la couleur de base est le marron clair. Le mâle a une tache noire près de l'œil ; des plumes noires et des reflets roses ornent sa queue et ses ailes, sur lesquelles on remarque une bande rose vif. Les femelles n'ont pas de plumes noires ; leur bec et leurs pattes sont gris clair, avec des nuances rose carné.
Taille : 13 cm.
Habitat naturel : il est très répandu en Afrique du Nord et aux Canaries, où il préfère les régions arides. On le rencontre parfois dans le sud de l'Europe, surtout en Espagne, plus rarement en Italie. Il vit en groupes, qui rassemblent parfois jusqu'à une centaine d'individus.
Caractère : s'il se montre réservé et peu liant avec les sujets d'autres espèces, il est en revanche très sociable avec ses congénères. Son chant se compose de sifflements et de notes aiguës, entrecoupées de gloussements.
Alimentation : il se nourrit de toutes sortes de graines de petite taille. Un bon mélange de graines, un os de seiche et du gravier constituent un régime idéal, que l'on peut compléter par une pâtée.

Bouvreuil githagine (mâle)

Accouplement et reproduction : le Bouvreuil construit des nids dans le sol et dans les fissures des roches. Pendant la parade nuptiale, le mâle cherche à conquérir la femelle par des sauts et des sérénades. Il ne devient agressif que pendant l'accouplement. Il est très attaché à sa compagne, qu'il aide dans l'éducation des petits. La femelle pond généralement 4 ou 5 œufs, qui sont couvés pendant 2 semaines. Les petits sont autonomes vers l'âge d'un mois. En captivité, l'oiseau ne se reproduit que dans des conditions idéales : il a besoin de tranquillité, d'espace et d'une alimentation complète.

Vie en captivité : il s'habitue vite à la compagnie de l'homme et s'attache beaucoup à ses propriétaires s'il est élevé à l'intérieur. En revanche, il n'aime pas cohabiter avec d'autres espèces.

Diffusion : il se reproduit peu en captivité, et on le capture avec parcimonie dans ses pays d'origine. Il n'est donc pas aussi répandu que d'autres espèces en Europe.

Bouvreuil githagine (femelle)

CANARI (SERIN DES CANARIES)

Nom scientifique : *Serinus canaria*
Famille : Fringillidés
Description : il existe un très grand nombre de variétés de Canaris. Il est donc difficile d'en donner une description générique. Le Canari sauvage, l'ancêtre de tous les Canaris domestiques, est un petit oiseau élégant et vif, au corps fuselé. Le mâle est de couleur verdâtre, avec des nuances jaunâtres sur la tête et le ventre. La femelle est brun foncé, avec des nuances chamois sur la tête et le ventre.
Taille : 12,5 cm pour le Canari sauvage ; de 12,5 à 18 cm pour les diverses variétés domestiques.
Habitat naturel : il vit dans les bois et les jardins de certaines îles, en particulier les Canaries et les Açores. On le rencontre également à Madère, et il a été introduit avec succès aux Bermudes.
Caractère : sociable et domestique. Les espèces issues du Canari sauvage sont des oiseaux de cage par excellence. Le mâle est un très bon chanteur.
Alimentation : son régime se compose d'un mélange de graines et d'une pâtée spécialement préparée à son intention. On peut, si nécessaire, y ajouter des fruits,

Canari d'un rouge orangé intense

des légumes, des vitamines et des sels minéraux, afin de favoriser la croissance de sa progéniture. Le Canari doit toujours avoir à sa disposition du gravier et un os de seiche.

Accouplement et reproduction : cet oiseau se reproduit facilement, en liberté comme en captivité. Il construit des nids en forme de coupe. La femelle pond de 4 à 6 œufs, qu'elle couve pendant 2 semaines. Les petits sont indépendants dès l'âge de 30 jours.

Vie en captivité : le Canari sauvage s'y adapte facilement ; les espèces créées par l'homme ne savent pas vivre autrement.

Diffusion : il est difficile de trouver des Canaris sauvages, ainsi que certaines espèces particulières ; mais on peut aisément se procurer les espèces plus communes, ainsi que les Canaris issus de croisements.

CHARDONNERET ÉLÉGANT

Nom scientifique : *Carduelis carduelis*

Famille : Fringillidés

Description : on le reconnaît facilement à son vol caractéristique et à son plumage très coloré : front et menton rouges, dessus de la tête noir, joues blanches, dos marron foncé, ventre marron clair, queue noire.

Ses ailes noires sont ornées de bandes jaunes ; elles sont également tachetées de goutelettes blanches, que l'on remarque aussi sur la queue, où elles sont cependant plus discrètes.

Les zones rouges de la tête sont plus marquées chez le mâle. Il existe deux sous-espèces : le Chardonneret de l'Himalaya et l'Élégant, dont la tête porte davan-

Femelle de Chardonneret de l'Himalaya sur son nid

Couple de Chardonnerets élégants

Hybrides de Chardonneret et de Canari rose femelle : les hybrides de ce type sont des chanteurs très appréciés

tage de noir et dont le masque est plus accentué[1].

Taille : 12 cm.

Habitat naturel : le Chardonneret vit dans des zones cultivées, les bois, les prairies et les jardins. On le rencontre dans la plupart des pays d'Europe, en Asie, en Amérique du Nord et dans de nombreuses îles.

Caractère : joyeux, sympathique et toujours actif ; c'est cependant un petit oiseau nerveux et sensible, qui s'adapte mal à un habitat exigu.

Alimentation : son régime se compose d'un mélange de graines riche en cardon et d'une pâtée spécialement préparée. Il doit avoir à sa disposition un os de seiche, du gravier et du mouron blanc. On peut, si nécessaire, y ajouter des compléments vitaminés ainsi que des insectes, qu'il apprécie tout particulièrement.

Accouplement et reproduction : en liberté, il construit des nids qui sont de véritables chefs-d'œuvre architecturaux. La femelle pond de 4 à 6 œufs, qui éclosent au bout de 14 jours. Le mâle reste très proche de sa compagne et l'assiste dans le sevrage des petits.

Diffusion : il est désormais difficile de le trouver.

1. Pour de plus amples détails, vous pouvez consulter l'ouvrage *Le Chardonneret* de G. Ravazzi aux Éditions De Vecchi, 1996.

DIAMANT DE GOULD

Nom scientifique : *Poephila gouldiae* ou *Chloebia gouldiae*

Famille : Estrildidés

Description : le plumage du mâle et celui de la femelle se ressemblent, mais les couleurs de la femelle sont plus pâles. La tête présente un grand masque noir bordé de turquoise (chez la femelle, le turquoise se remarque à peine). Le dos est vert foncé, plus vif près de la tête. Le poitrail est violet. Le ventre, jaune chez le mâle, est chamois chez la femelle. La région sus-caudale et le croupion sont bleu clair avec des reflets argentés. La queue est noire avec de longues plumes centrales qui forment une pointe. Les sous-caudales sont blanchâtres. Le bec est clair, rouge violacé au bout. Les pattes sont rose carné.

Il existe plusieurs sous-espèces très semblables, dont les couleurs sont différentes mais tout aussi splendides : le Diamant de Gould à tête rouge (masque rouge souligné de noir) ; le Diamant de Gould à tête jaune (masque jaune bordé de noir) ; le Diamant de Gould à poitrine blanche (poitrine entièrement blanche) ; le Diamant de Gould de couleur jaune, à masque rouge. À la suite d'autres mutations, plus rares cependant, on a

Diamant de Gould mâle adulte

vu apparaître des Diamants au masque bicolore, au dos bleu, au manteau entièrement blanc ou au masque orange.

Taille : 13-14 cm.

Habitat naturel : ce diamant vit dans les prairies ouvertes et les savanes de l'Australie tropicale ; il se déplace en couple ou en petits groupes, à la recherche d'insectes et de brins d'herbes des prés dont il est friand.

Caractère : joyeux et vif, il descend rarement jusqu'au sol lorsqu'il vit en liberté ; il préfère se poser sur les tiges des graminées. Il adore l'eau et s'en éloigne à regret.

Alimentation : le Diamant de Gould a un intestin délicat ; son alimentation doit donc être soignée. Il faut lui préparer un mélange d'alpiste (30 %), de panic (30 %), de millet blanc (30 %) et de nigelle (10 %), que l'on complète par une pâtée à l'œuf, un peu de pâtée pour insectivores, du charbon végétal et un os de seiche. Le Diamant de Gould mange peu de légumes, de préférence du mouron blanc et de la morgeline. Il est conseillé d'ajouter, chaque semaine, un composé vitaminé (A, B, C, D, E) à l'eau de boisson.

Accouplement et reproduction : en liberté, l'oiseau construit son nid dans les cavités des arbres ou sur leurs branches, dans les anfractuosités des saillies rocheuses, et parfois même sur des termitières. La femelle pond de 4 à 8 œufs

Diamant de Gould mâle en période de mue

qu'elle couve, avec le mâle, pendant 14 jours. Les petits sont autonomes à l'âge de 40 jours. En captivité, la reproduction est difficile. Les Diamants de Gould se révèlent souvent de piètres parents, et l'on a d'ordinaire recours à des nourrices d'autres espèces (des Moineaux du Japon essentiellement). Pour que la reproduction réussisse, il faut une bonne luminosité, une température constante et toujours supérieure à 15 °C, pas de courants d'air et une humidité ambiante faible. Les oiseaux ont aussi besoin de calme, d'une alimentation complète et d'un habitat spacieux. Il faut enfin qu'ils puissent choisir entre plusieurs nids.

Vie en captivité : bien que cet Estrildidé soit l'un des plus fragiles, il s'adapte bien à la vie à l'intérieur.

Diffusion : ce n'est pas l'oiseau le plus répandu, mais on le trouve assez facilement.

Jusqu'à l'âge de 35 à 60 jours, les petits présentent, au bord du bec, des tubercules bleu phosphorescent qui permettent aux parents de donner la becquée plus facilement.

DIAMANT MANDARIN

Nom scientifique : *Poephila guttata* ou *Taeniopygia guttata castanotis*
Famille : Estrildidés
Description : ce petit oiseau polychrome et compact présente un grand bec, rouge chez le mâle, orange chez la femelle, et une grande variété de manteaux – blanc, gris, fauve, tacheté de deux ou trois couleurs ; les flancs peuvent être bruns (voir pages 110 et 136 : la volière renferme des Diamants mandarins de diverses couleurs). Le mâle a presque toujours des taches orangées sur les joues, ce qui n'est pas le cas de la femelle. Les pattes sont rose carné.
Taille : 10 cm.
Habitat naturel : ce Diamant vit en Australie et dans les îles de la Sonde ; on le rencontre dans les savanes, mais il préfère les zones boisées où il trouve plus facilement refuge. Il est extrêmement grégaire et vit en groupes très nombreux.
Caractère : joyeux, sociable et plein de vitalité. Il souligne de son babillage chacun de ses mouvements.
Alimentation : il n'a pas besoin d'une alimentation particulière. Un bon mélange de graines (où le

Diamant mandarin mâle (variété aux flancs bruns)

panic domine), un peu de pâtée et un os de seiche feront son bonheur. Il adore le mouron blanc et les épis de graminées encore verts.
Accouplement et reproduction : reproducteur infatigable, le Diamant mandarin construit des nids qu'il garnit abondamment. La femelle pond de 4 à 8 œufs qui éclosent au bout de 13 jours. À l'âge de 25 jours, les petits sont tout à fait autonomes. Leur bec est encore gris, mais vers 90 jours il se colore. Les jeunes peuvent se reproduire dès qu'ils ont 6 à 8 mois.
Le Diamant mandarin se reproduit très bien en captivité, que ce soit en cage ou en volière, même s'il vit en colonie.
Vie en captivité : désormais, presque tous les Diamants mandarins que l'on trouve dans le commerce sont nés en captivité. Cette espèce vit volontiers au contact de l'homme. Sa vitalité et sa joie de vivre en font un excellent compagnon.
Diffusion : c'est l'une des espèces les plus répandues.

Il se baigne très souvent pendant la journée et ne renonce pas à cette saine habitude l'hiver, même s'il vit en volière, et si les températures sont rigoureuses.

MOINEAU DU JAPON

Nom scientifique : *Lonchura striata domestica*
Famille : Estrildidés
Description : c'est un petit oiseau compact et robuste dont le régime alimentaire s'apparente à celui des granivores. Il existe différentes variétés de couleurs : blanc aux yeux noirs ou rouges, fauve, brun, chamois, tacheté de deux ou trois couleurs. Chez la variété huppée, le plumage peut avoir l'une ou l'autre des couleurs que nous avons citées ; la huppe est d'une couleur différente du reste du corps chez les monochromes, tachetée chez les sujets tachetés. Le bec est gris foncé. Il n'existe pas de dimorphisme sexuel.
Taille : 11 cm.
Habitat naturel : cette espèce vit dans toutes sortes d'habitats en Inde, au Japon et en Corée. Selon certains spécialistes, elle ne serait pas sauvage à l'origine, mais le serait devenue. Elle serait le fruit du croisement, opéré par l'homme, de plusieurs espèces de Munies. Le Moineau du Japon est aujourd'hui répandu, en liberté comme en captivité.
Caractère : tranquille et doux, extrêmement sociable. Il apprécie la compagnie de l'homme.

Moineau du Japon

Alimentation : un mélange de graines, une pâtée, un os de seiche et du gravier constituent le régime idéal de cet oiseau robuste et frugal. Des fruits et des légumes frais peuvent être ajoutés de temps en temps à l'alimentation habituelle.

Accouplement et reproduction : le Moineau du Japon se reproduit facilement en captivité. Il construit des nids qu'il garnit abondamment. La femelle pond de 4 à 8 œufs qu'elle couve pendant 13 jours. Les petits sont autonomes à l'âge de 5 semaines.

Vie en captivité : il s'adapte facilement à la vie en cage ou en volière, aime la compagnie et se laisse volontiers domestiquer.

Diffusion : c'est l'un des petits oiseaux de cage ou de volière les plus répandus.

En raison de sa docilité naturelle et de sa sociabilité, le Moineau du Japon est souvent utilisé comme nourrice pour les jeunes d'autres espèces. Il peut sans problème être croisé avec beaucoup d'autres Estrildidés : Domino, Bec-de-plomb, Diamant de Bichenow, etc.

VERDIER DE CHINE

Nom scientifique : *Carduelis sinica*
Famille : Fringillidés
Description : c'est un oiseau robuste et compact, qui ressemble beaucoup au Verdier d'Europe *(Carduelis chloris)*. Son manteau est brun-vert ; ses ailes et sa queue brun-noir portent des bandes jaunes bien visibles. Son bec et ses pattes sont gris-brun. La femelle a des couleurs plus pâles : son manteau est plus clair, et les teintes jaunes des ailes et de la queue sont moins visibles.
Taille : 14-15 cm.
Habitat naturel : il vit dans les régions tempérées de la Chine, du Japon, de Taiwan et du Tibet. Il s'adapte bien à la vie dans les bois, dans les jardins et même dans les zones cultivées.
Caractère : pacifique et très sociable.
Alimentation : en nature, ce petit oiseau frugal se nourrit de graines variées, de petits insectes et de germes qu'il trouve à terre. En captivité, son régime de base se compose d'un mélange de graines sèches et de pâtée à l'œuf, que l'on peut compléter par un os de seiche, du gravier, des légumes frais et des fruits.
Accouplement et reproduction : il se reproduit facilement, même en captivité. Il construit un nid en forme de coupe, où la femelle pond 4 ou

Verdier de Chine

Carduelis ambigua, *connu sous le nom de Verdier à tête noire, est un autre Fringillidé très répandu dans les magasins européens. C'est un petit oiseau vert chamarré de jaune ; sa tête est de couleur noire, plus foncée chez le mâle que chez la femelle. Il vit dans les forêts et montagnes de Chine, du Népal, du Tibet, de la Birmanie et du Laos. Il ressemble beaucoup au Verdier de Chine, à cette différence près que la femelle pond des œufs blanc-vert.*

Verdiers de Chine à tête noire

5 œufs blanc rosé. L'incubation dure 2 semaines. Les petits sont autonomes vers l'âge d'un mois.

Vie en captivité : il s'y adapte aisément. Robuste et docile, il peut vivre en cage aussi bien qu'en volière.

Diffusion : on le trouve sans difficulté.

Les 6 sous-espèces reconnues de Carduelis sinica *sont très semblables. Elles sont cependant de taille différente, et les zones jaunes de leur plumage sont plus ou moins prononcées.*

VERDIER D'EUROPE

Nom scientifique : *Carduelis chloris*
Famille : Fringillidés
Description : c'est un oiseau compact au bec robuste. Son bec et ses pattes sont de couleur grise, tendant au rose carné. Le manteau est vert, avec des nuances jaunes sur les ailes et la queue. Les teintes jaunes sont moins prononcées chez la femelle.
Taille : 15 cm.
Habitat naturel : on le rencontre dans toute l'Europe, dans de nombreux pays d'Asie et en Afrique du Nord. Il affectionne les régions où la végétation est clairsemée, les bosquets et les jardins.
Caractère : c'est un oiseau joyeux et vif, qui émet sans cesse des appels pendant son vol ; il indique ses déplacements par des « tschuih-tschui » répétés et, en cas de danger, donne l'alerte grâce à un « tiohi-tiohi » un peu plus doux.
Alimentation : il se nourrit de toutes sortes de graines, mais il préfère les graines oléagineuses. Un bon mélange de graines, une pâtée, du mouron blanc et du gravier constituent son régime idéal. On peut y ajouter, si nécessaire, un os de seiche et des compléments de vitamines et de sels minéraux.

Verdier

Accouplement et reproduction : en nature, le Verdier construit des nids dans les arbres. La femelle pond de 4 à 6 œufs, qui éclosent au bout de 2 semaines. Les petits sont indépendants vers l'âge de 30 jours.
Diffusion : sa capture est interdite dans de nombreux pays, c'est pourquoi on trouve surtout des sujets nés en captivité.

VEUVE À COLLIER D'OR

Nom scientifique : *Vidua paradisaea*
Famille : Plocéidés
Description : la nuque et le ventre du mâle sont châtains ; sa poitrine est brune, sa tête recouverte d'un capuchon noir. Le reste de son corps est noir ainsi que sa queue, dont les deux plumes centrales peuvent atteindre 20-23 cm. La femelle est noisette, avec des rayures plus ou moins foncées.
Taille : jusqu'à 38 cm pour le mâle ; 14 cm environ pour la femelle.
Habitat naturel : cette Veuve vit dans le sud-est de l'Afrique, où elle recherche les régions ouvertes et arides. Elle est très répandue en Angola, au Soudan, en Afrique du Sud (au Natal notamment).
Caractère : c'est un oiseau élégant et vif, qui aime sautiller sur le sol à la recherche de nourriture ; extrêmement sociable, il se déplace en bandes assez nombreuses.

Veuve à collier d'or (mâle)

Alimentation : un bon mélange de graines, une pâtée à l'œuf, un os de seiche et du gravier constituent son régime idéal.
Accouplement et reproduction : c'est un oiseau parasite ; la femelle pond ses œufs dans les nids d'autres espèces, surtout ceux du Beau-marquet, Estrildidé très répandu dans les régions qu'elle fréquente. Le mâle accomplit des parades voyantes : il soulève sa longue queue et bat des ailes.
Vie en captivité : cette espèce s'adapte très bien à la vie en captivité et apprécie la compagnie de l'homme. Il faut simplement veiller à ce que son habitat soit suffisamment grand : dans le cas contraire, les plumes caudales du mâle risqueraient de s'abîmer.
Diffusion : espèce très répandue.

Les granivores de taille moyenne

Ce groupe comprend tous les Perroquets de petite taille qui appartiennent à la famille des Psittacidés. Nous ne pouvons, dans un ouvrage aussi synthétique, étudier toutes les espèces existantes.

Groupe coloré d'Inséparables en cage

Gendarmes en volière

Celles que nous avons écartées sont certes importantes (je pense par exemple aux *Agapornis* – ou Inséparables – et aux « petits Perroquets »). Mais elles ressemblent, par leur mode de vie et leur alimentation, aux espèces décrites ici : elles peuvent donc être élevées de la même manière. Nous avons également rangé, parmi les granivores de taille moyenne, quelques Plocéidés de plus grande taille. Nous n'évoquerons bien sûr que certains d'entre eux, mais d'autres, comme les Gendarmes, peuvent être élevés de la même façon. Nous parlerons aussi d'un Estrildidé particulier, le Padda. En raison de sa taille et de ses habitudes, cet oiseau peut en effet être classé parmi les granivores de taille petite ou moyenne. Certains Fringillidés, comme les Gros-becs américains, pourraient eux aussi être rangés dans le groupe des granivores de taille moyenne. Enfin nous examinerons certains petits Columbidés, en particulier les tourterelles, qui sont fort répandues : elles sont faciles à élever et se plaisent autant à l'intérieur qu'au jardin.

D'une manière générale, les granivores de petite taille ou de taille moyenne peuvent tout aussi bien vivre en cage à l'intérieur qu'en volière dans le jardin. Une diffé-

Gros-becs américains

rence les sépare cependant : les granivores de petite taille peuvent cohabiter, ceux de taille moyenne ne le peuvent pas. Ainsi tous les Psittacidés (petits Perroquets) ont tendance à se montrer très agressifs envers les oiseaux qui n'appartiennent pas à la même espèce, et les tourterelles s'adaptent mal à la vie en colonies mixtes. Ce ne sont là que des exemples, et nous pourrions en trouver beaucoup d'autres.

COLOMBE DIAMANT

Nom scientifique : *Geopelia cuneata*
Famille : Columbidés
Description : c'est une petite colombe d'aspect délicat ; la couleur de son plumage va du gris au brun rougeâtre, ses ailes sont mouchetées de gouttelettes blanches. Son œil est bordé d'orange. Son bec et ses pattes sont rose carné. Il n'y a pas de dimorphisme sexuel évident.
Taille : 19-21 cm.
Diffusion et habitat naturel : elle vit en Australie, dans les endroits plantés d'arbres, près des cours d'eau.
Caractère : docile, très douce et très sociable, elle vit en groupes importants, que les couples quittent pendant la période de reproduction. Elle aime rester au soleil.
Alimentation : un bon mélange de graines et une pâtée à l'œuf constituent un régime idéal, qu'il est souhaitable de compléter par de la chicorée hachée, du mouron blanc et du gravier.
Accouplement et reproduction : elle se reproduit facilement, même en captivité. Elle construit un nid en forme de coupe, où la femelle pond 2 œufs qu'elle couve pendant 12 jours. Les petits sortent du nid dès qu'ils ont 2 semaines ; ils sont autonomes quelques jours plus tard. Le mâle se reconnaît à son chant et à ses parades nuptiales (il sautille autour de la femelle).
Vie en captivité : elle se plaît tout autant dans une maison qu'au jardin. Elle est facile à apprivoiser et est somme toute assez robuste.
Diffusion : espèce très répandue.

Colombe diamant

IGNICOLORE

Nom scientifique : *Euplectes franciscana*
Famille : Plocéidés
Description : en plumage nuptial, le mâle est de couleur brun-noir ; sa tête noir-violet surmonte un collier d'un rouge intense ; il porte des rayures rouge vif sur le croupion, les ailes et les sous-caudales. Le mâle et la femelle en livrée d'éclipse sont bruns, avec des nuances plus ou moins foncées. Le bec et les pattes sont couleur de plomb.
Taille : 12 cm.
Habitat naturel : il vit dans les prairies et les régions buissonneuses d'Afrique centrale et septentrionale.
Caractère : ce magnifique petit oiseau n'est pas toujours sociable. Quoique d'un naturel tranquille, il se montre parfois agressif envers ses semblables ; il apprécie en revanche la compagnie de l'homme.
Alimentation : si son alimentation n'est pas suffisamment riche, ses plumes rouges tendent à devenir jaunâtres. Outre un mélange de graines, il est bon de lui offrir une pâtée à l'œuf, de la pâtée pour insectivores, des carottes râpées et, pendant la période de mue, un

Ignicolore (mâle)

Ignicolore (femelle)

peu de pâtée colorante. Des graminées, de la verdure, un os de seiche et du gravier compléteront son régime alimentaire.
Accouplement et reproduction : ce tisserin s'accouple vers l'âge de 2 ans ; il construit un nid qu'il garnit abondamment. La femelle pond de 2 à 4 œufs de couleur verdâtre qu'elle couve pendant 14 jours. Le mâle étant polygame, la femelle élève souvent les petits seule. En volière, les Ignicolores ne s'accouplent que s'ils vivent au calme et s'il y a au moins trois ou quatre femelles pour un mâle.
Vie en captivité : il s'y adapte très bien mais préfère vivre dans une volière, en plein air et au soleil ; dans une cage à l'intérieur, le manteau du mâle tend à devenir orangé, même si l'environnement est sain et la nourriture soignée.
Diffusion : espèce très répandue.

*Deux autres Plocéidés ressemblent à l'Ignicolore par leurs habitudes, leur morphologie et leurs couleurs : il s'agit du Grenadier (*Euplectes orix*) et du Monseigneur (*Euplectes hordeacea*), qui mesurent respectivement 15 et 14 cm.*

INSÉPARABLE MASQUÉ

Nom scientifique : *Agapornis personata personata*
Famille : Psittacidés
Description : sa tête est noire mais la couleur du plumage varie, selon les mutations, du bleu-vert au gris-bleu, du jaune vif au jaune-vert ; le bec est rose carné et les pattes sont grises ; les yeux sont foncés et entourés d'un anneau clair. Il n'y a pas de dimorphisme sexuel.
Taille : 15 cm.
Habitat naturel : il vit en Afrique, dans les savanes, où il se déplace en groupe.
Caractère : c'est un oiseau joyeux et sociable, qui a besoin de compagnie. Il préfère vivre en groupe plutôt qu'en couple.
Alimentation : il se nourrit de petites graines et de fruits. En captivité, son régime idéal est constitué d'un mélange de graines, où le panic domine, et d'une pâtée pour Canaris. Il apprécie aussi les fruits et les légumes frais.
Accouplement et reproduction : cet oiseau construit des nids dans des cavités et les garnit abondamment de divers matériaux qu'il transporte parmi les plumes de son dos. Il se reproduit très facilement, même en captivité, et élève des nichées nombreuses (de 4 à 6 petits). Il se reproduit aussi en colonie s'il est élevé en volière, mais plus difficilement cependant que s'il vit en couple.

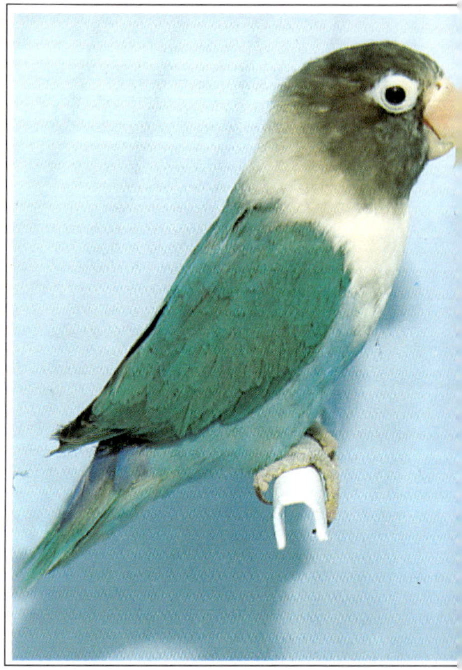

Inséparable masqué

Vie en captivité : il s'y adapte si bien que la majorité des sujets que l'on trouve actuellement dans le commerce sont nés en captivité.
Diffusion : il est très répandu. Il figure dans l'annexe II de la convention de Washington (voir page 41).

LA CONVENTION DE WASHINGTON

*La destruction de l'habitat naturel, la chasse et la capture, pratiquées à des fins sportives, alimentaires ou domestiques selon le cas, entraînent la disparition progressive de nombreuses espèces animales et végétales, parmi lesquelles figurent de nombreux oiseaux. Au début des années soixante, plusieurs pays s'efforcèrent de limiter les dommages causés : ils recensèrent donc les oiseaux en voie d'extinction parmi la faune autochtone, et en interdirent la capture et l'exportation. Ainsi, l'Australie, dès 1960, décréta illégale l'exportation de tous les animaux autochtones. La disparition de la faune fut dès lors enrayée, bien que certains exemplaires soient aujourd'hui encore exportés par des braconniers. On mesure toute l'importance de la décision prise, si l'on se souvient que bien des oiseaux exotiques viennent justement d'Australie. La résolution du gouvernement australien provoqua une réaction en chaîne. En 1973, des scientifiques, des naturalistes, des spécialistes de l'environnement et des hommes politiques de nombreuses nations se réunirent à Washington afin de rédiger un document sur la protection de la faune et de la flore, visant à en contrôler ou à en interdire la chasse, la capture ou la détention. La France, elle, a signé la convention le 9 août 1978. La convention de Washington contient deux annexes qui présentent les espèces animales et végétales protégées. L'annexe I réunit les espèces les plus directement menacées d'extinction, et dont la chasse, la capture ou la détention sont rigoureusement interdites. L'annexe II énumère les plantes que l'on peut prélever et les animaux que l'on peut capturer, si l'on respecte les réglementations et si l'on possède les permis nécessaires. Ainsi tous les Perroquets figurent dans l'une ou l'autre des annexes de la convention de Washington, à l'exception de la Perruche ondulée (*Melopsittacus undulatus*), de la Calopsitte élégante (*Nymphicus hollandicus*) et du Perroquet à collier indien (*Psittacula krameri manillensis*), que l'on peut capturer sans autorisation particulière. L'annexe I cite également le Tarin rouge du Venezuela (*Carduelis cucullata*) et l'annexe II mentionne le Diamant à bavette (*Poephila cincta*), oiseau provenant d'Australie, où toute la faune est déjà protégée par des lois locales. Seuls les oiseaux qui figurent dans l'annexe II peuvent être capturés et vendus s'ils sont accompagnés des documents CITES (*Convention on International Trade in Endangered Species of wild fauna and flora, *« Convention sur le commerce international des espèces de la faune et de la flore sauvages en voie d'extinction »). De nombreux oiseaux exotiques sont fort heureusement déjà élevés avec succès en captivité, et l'on peut donc jouir de leur agréable compagnie en toute légalité. Une des difficultés de la législation actuelle réside dans le fait que les espèces de l'annexe I ne peuvent être commercialisées que si on peut prouver qu'elles sont nées en captivité alors que, actuellement, les tribunaux français ne reconnaissent aucun moyen d'apporter cette preuve.*

PADDA

Nom scientifique : *Padda oryzivora*
Famille : Estrildidés
Description : les trois variétés de Padda ont toutes un bec rose et des pattes claires. La plus commune est grise, avec un ventre brun rougeâtre ; sa tête noire porte une tache blanche sur chaque joue. Il existe une variété entièrement blanche et une isabelle. Il n'y a pas de dimorphisme sexuel.
Taille : 16-18 cm.
Habitat naturel : originaire de Java, cet oiseau est désormais répandu dans beaucoup d'autres régions du monde, de Bali à Zanzibar, de la Birmanie aux îles de l'Indonésie, des Seychelles à Hawaii et à Sainte-Hélène. Il vit dans les mangroves, dans les régions habitées, dans les rizières (où il cause beaucoup de dommages) et au cœur des fourrés.
Caractère : c'est un oiseau fort et robuste, au caractère dominant. Il vole bien et se déplace en bandes nombreuses.
Alimentation : un bon mélange de graines (contenant aussi du riz), une pâtée à l'œuf et une pâtée pour insectivores constituent un régime idéal, que l'on doit cependant compléter par un os de seiche, du gravier et des graminées vertes (mouron blanc).
Accouplement et reproduction : en liberté, le Padda construit des nids dans les trous des murs ou dans les

Padda (variété blanche)

arbres ; en captivité, il nidifie dans des nids artificiels s'il vit en volière, et dans n'importe quelle sorte de nichoir-boîte s'il vit en cage. La femelle pond de 4 à 8 œufs ; l'incubation dure 2 semaines. Pendant quelques jours, les petits mangent des insectes (ou de la pâtée pour insectivores s'ils vivent en captivité). Ils sont indépendants vers l'âge de 35-40 jours.
Vie en captivité : il aime la compagnie de l'homme et s'adapte bien à la vie en captivité. Il se laisse apprivoiser facilement.
Diffusion : espèce très répandue.

PERROQUET DES FIGUIERS

Nom scientifique : *Psittaculirostris desmarestii desmarestii*
Famille : Psittacidés
Description : petit Perroquet de forme compacte et robuste, à la queue courte et au plumage multicolore. Son front et sa nuque sont rouges, ses joues sont jaune d'or et son œil est souligné de bleu. Sa poitrine et le dessous de sa gorge s'ornent de bandes jaune d'or et bleues, qui deviennent vert clair puis s'assombrissent vers la queue. Le reste du corps est vert foncé. Le bec est noir et les pattes sont grises. Il n'existe pas de dimorphisme sexuel.
Taille : 18 cm.
Habitat naturel : il vit parmi les figuiers de Papouasie-Nouvelle-Guinée, où il est de plus en plus rare.
Caractère : joyeux et docile, il sympathise volontiers avec l'homme.
Alimentation : il aime surtout les figues, mais se nourrit aussi d'autres fruits et de graines. En captivité, il est bon de lui donner un mélange de graines séchées et germées, des fruits frais et des figues sèches, que l'on fait tremper dans de l'eau avant de les découper en petits morceaux et de les intégrer à une pâtée pour Canaris.
Accouplement et reproduction : il se reproduit difficilement, même en liberté. En captivité, il est rare d'obtenir de bons résultats.
Vie en captivité : il s'adapte très bien à la compagnie de l'homme. La maison est pour lui un environnement idéal : il redoute en effet les températures rigoureuses et se contente d'un espace limité ; il est très affectueux.
Diffusion : cette espèce rare est mentionnée dans l'annexe II de la convention de Washington, mais devrait sous peu figurer dans l'annexe I.

Perroquet des figuiers

PERRUCHE ONDULÉE

Nom scientifique : *Melopsittacus undulatus*
Famille : Psittacidés
Description : cette Perruche est généralement verte, avec des nuances plus ou moins foncées, mais il existe des variétés bleues, grises, vert émeraude, jaunes, ivoire, tachetées. Chez le mâle, la cire au-dessus du bec est bleue ; chez la femelle, elle est marron rougeâtre.
Taille : 18 cm.
Habitat naturel : elle vit dans les fourrés et les régions ouvertes du centre de l'Australie, et a été introduite avec succès en Floride.
Caractère : sociable, joyeuse, très joueuse et facile à domestiquer, cette Perruche se montre toutefois agressive avec les autres oiseaux (elle ne peut cohabiter qu'avec des Psittacidés de la même taille qu'elle). Elle vit volontiers en colonie.
Alimentation : elle se nourrit de graines et de fruits. En captivité, son régime idéal se compose

Perruche ondulée à face jaune

Perruche ondulée « classique »

d'un mélange de graines et d'une pâtée à l'œuf, auxquels on peut ajouter des légumes et des fruits râpés, un os de seiche et du gravier.

Accouplement et reproduction : elle se reproduit selon un cycle continu ; la femelle pond de 4 à 8 œufs dans les cavités des arbres ou, en captivité, dans des nids artificiels. L'incubation dure 18 jours et les petits sont indépendants vers l'âge de 35 jours.

Vie en captivité : elle s'y adapte facilement et se reproduit très bien, en cage comme en volière ; c'est l'un des oiseaux les plus répandus et les plus appréciés.

Diffusion : toutes les Perruches ondulées commercialisées actuellement sont nées en captivité.

TOUI DU MEXIQUE

Nom scientifique : *Forpus passerinus passerinus*
Famille : Psittacidés
Description : c'est un Perroquet vert vif, aux ailes teintées de bleu. La partie interne de l'aile est bleue chez le mâle et verte chez la femelle. Il est donc facile de les distinguer.
Taille : 10 cm.
Habitat naturel : il vit dans les forêts et au cœur des fourrés d'Amérique centrale et d'Amérique du Sud.
Caractère : timide et réservé, mais devient docile et sociable dès qu'il a surmonté sa méfiance initiale.
Alimentation : un mélange de graines et de fruits constitue son régime de base, que l'on peut compléter avec une pâtée à l'œuf et des carottes râpées.
Accouplement et reproduction : il nidifie dans les cavités des troncs d'arbres et dans les anfractuosités rocheuses. La femelle pond de 2 à 4 œufs.
Diffusion : on le trouve difficilement.
Il figure dans l'annexe II de la convention de Washington.

Couple de Touis du Mexique

L'éleveur tient ici un couple de Touis du Mexique : on remarque que le dessous de l'aile du mâle est bleu

On reconnaît aisément la femelle du Toui du Mexique car le dessous de l'aile est vert

TOURTERELLE TURQUE

Nom scientifique : *Streptopelia decaocto*
Famille : Columbidés
Description : oiseau compact et vif, de couleur sable. Ses longues rémiges sont de couleur sombre. Elle porte un collier bien visible et présente un bec gris et des pattes roses. Il n'y a pas de dimorphisme sexuel évident.
Taille : 31-32 cm.
Habitat naturel : elle vit dans les zones buissonneuses, dans les champs et près des centres urbains en Europe centrale et septentrionale, en Inde, en Orient et dans certaines régions d'Afrique du Nord.
Caractère : elle est docile et timide, mais très sociable.
Alimentation : des graines variées et une pâtée à l'œuf suffisent à la rassasier et à la contenter. Frugale et robuste, elle n'exige pas d'attentions particulières.
Accouplement et reproduction : elle se reproduit très facilement en liberté comme en captivité, où elle préfère la volière à la cage. La femelle pond 2 œufs qu'elle couve pendant 16 jours. Les petits sont indépendants vers l'âge de 35 jours.
Vie en captivité : elle s'y adapte sans difficulté et se laisse apprivoiser.
Diffusion : espèce très répandue.

Comme tous les Columbidés, la Tourterelle turque a dans son jabot des cellules épithéliales qui, au début du sevrage, sécrètent une substance laiteuse et grasse servant à alimenter les oisillons.

Tourterelles turques

WORABÉE

Nom scientifique : *Euplectes afer*
Famille : Plocéidés
Description : le mâle en livrée nuptiale a un plumage jaune vif et noir, couleurs qui se mélangent sur les ailes ; le croupion, la queue, les sous-caudales, la tête et la poitrine sont entièrement jaunes, tandis que le ventre, le dessous de la gorge et la région de l'œil sont d'un noir soutenu. Le mâle en livrée d'éclipse et la femelle sont gris-brun, avec des nuances plus ou moins foncées. Bec et pattes sont couleur de plomb.
Taille : 11-13 cm, selon la région d'origine.
Habitat naturel : on le rencontre en Afrique du Nord, où il recherche les régions marécageuses et les rives des fleuves. Il cause également de grands dommages dans les champs cultivés.
Caractère : querelleur et très agressif, surtout pendant la période des amours, le Worabée vit difficilement avec des sujets d'autres espèces ; il ne peut cohabiter avec ses congénères que dans des volières de très grande taille.
Alimentation : c'est un oiseau très frugal et peu exigeant, qui a une longévité remarquable. Un mélange de graines, une pâtée à l'œuf et un os de seiche constituent son régime idéal. Des graminées vertes (mouron blanc) et du gravier compléteront son ali-

Worabée (femelle)

Worabée (mâle)

mentation. Pendant la reproduction, il faut ajouter à son régime une pâtée pour insectivores et des sels minéraux.

Accouplement et reproduction : en liberté, il construit un nid en forme de poire, avec une ouverture latérale ; la femelle y pond de 2 à 5 œufs verdâtres et de forme arrondie, qu'elle couve pendant 15 jours. L'espèce se reproduit rarement et difficilement en captivité.

Vie en captivité : le Worabée s'y adapte facilement et devient même domestique ; il préfère cependant la volière à la cage d'appartement.

Diffusion : on le trouve avec une certaine facilité.

*Parmi les espèces ressemblant au Worabée, citons le Worabée géant (*Euplectes capensis*), qui mesure environ 16-17 cm, et le Taha d'Afrique du Sud (*Euplectes taha*), qui atteint environ 11 cm.*

Les Perroquets de taille moyenne

Ce groupe comprend les oiseaux de la famille des Psittacidés ainsi qu'un Cacatuidé, la Calopsitte élégante. Nous n'étudierons évidemment pas ici toutes les espèces. Mais les Psittacidés que nous

Pionus menstruus menstruus

Perruche à queue noire

décrirons ont bien souvent les mêmes habitudes et exigences que ceux que nous passerons sous silence (parmi lesquelles la Perruche à queue noire, qui a le même mode de vie que les autres Perruches, *Pionus menstruus menstruus* et tant d'autres.

L'originalité de ce groupe s'explique aisément : la plupart des Perroquets qu'il comprend se laissent apprivoiser (ils peuvent donc vivre dans une maison, bien qu'ils préfèrent vivre en volière). Ils ont de plus des besoins alimentaires spécifiques, que l'on ne saurait assimiler à ceux des Perroquets de petite ou de grande taille. Enfin ils sont rarement capables de « parler », à l'inverse des grands Perroquets.

CAÏQUE NAÏPOURRI

Nom scientifique : *Pionites melanocephala melanocephala*
Famille : Psittacidés
Description : c'est un petit Perroquet très compact, d'aspect voyant ; le sommet de sa tête est noir, jusqu'aux yeux ; son cou, sa gorge, son ventre et la région sous-caudale sont jaune orangé ; sa croupe et ses ailes sont d'un beau vert intense, comme la tache qu'il porte sous l'œil. Son iris noir est cerclé de rouge. Ses pattes et son bec sont noirs. Il n'y a pas de dimorphisme sexuel.
Taille : 24 cm.
Habitat naturel : il vit dans la partie septentrionale de l'Amazonie et dans certaines régions du

Caïque naïpourri

Venezuela et de la Guyane. Il recherche les fourrés, où il se déplace en petits groupes.
Caractère : très sensible, il adopte volontiers des comportements clownesques, s'attache facilement à l'homme et joue volontiers avec lui (il a de grandes facultés d'apprentissage). Il cohabite difficilement avec d'autres espèces.
Alimentation : il se nourrit presque exclusivement de graines, mais apprécie les fruits, les baies et les germes frais. En captivité, il faut donc lui offrir une pâtée pour Canaris, complétée par des graines cuites ou germées.
Accouplement et reproduction : lors de la période de reproduction, il devient agressif et ne tolère même pas la présence de ses semblables. Le couple est très uni ; la nuit, le mâle rejoint la femelle dans le nid pour couver avec elle. Le Caïque naïpourri nidifie deux fois par an. La femelle pond 3 ou 4 œufs qui éclosent 23 jours plus tard. Les petits sont autonomes à l'âge de 5 à 6 semaines.
Diffusion : il figure dans l'annexe II de la convention de Washington, et on ne le trouve pas facilement car l'importation est interdite, l'oiseau étant protégé en Guyane.

CALOPSITTE ÉLÉGANTE

Nom scientifique : *Nymphicus hollandicus*
Famille : Cacatuidés
Description : son corps est plus fuselé que celui des grands Cacatoès blancs. Son plumage est à l'origine gris et blanc, mais de nombreuses variétés ont été créées par l'homme : jaune, tacheté de blanc et gris, tacheté de jaune et blanc, tacheté de trois couleurs. La huppe érectile du mâle est jaune (grise chez la femelle), et sa tête est d'un jaune plus prononcé. Les joues sont tachées d'orangé. L'iris est noir, cerné de peau claire. Le bec et les pattes sont rose carné.
Taille : 32 cm, queue comprise.
Habitat naturel : cette espèce vit dans les régions centrales de l'Australie et s'adapte à n'importe quel environnement, que ce soit des zones arides ou des forêts. Elle se déplace en groupes bruyants comptant parfois de très nombreux individus.
Caractère : sympathique, joyeuse et curieuse, la Calopsitte est tout aussi sociable envers l'homme qu'envers ses congénères.

Groupe de Calopsittes élégantes

Alimentation : elle se nourrit de petites graines, de fruits et de légumes frais. En captivité, le panic est l'une de ses graines préférées, mais elle n'en dédaigne aucune ; elle est frugale et douée de grandes facultés d'adaptation.

Accouplement et reproduction : la femelle pond de 5 à 7 œufs dans les cavités des troncs d'arbres, et les couve avec l'aide du mâle pendant 3 semaines. Les petits quittent le nid à 4-6 semaines ; ils atteignent leur maturité sexuelle dès l'âge de 6 mois. La Calopsitte élégante est très prolifique, même en captivité. Elle se reproduit aussi en colonie et avec d'autres Perroquets de petite taille ou des Perruches. Elle élève bien sa progéniture et n'apprécie pas les interventions de l'éleveur.

Vie en captivité : elle se laisse volontiers apprivoiser et devient un bon compagnon de jeu. Elle préfère la volière à la cage, mais la vie à l'intérieur ne lui enlève ni sa joie de vivre ni sa vivacité. Elle apprécie la compagnie de l'homme.

Diffusion : c'est, après la Perruche ondulée, le Perroquet le plus répandu et le plus élevé.

PERRUCHE À BONNET BLEU

Nom scientifique : *Psephotus haematogaster haematogaster*
Famille : Psittacidés
Description : agile et élancée, cette Perruche se reconnaît à sa face bleue, des joues au front ; elle porte aussi un peu de bleu sous le bec. Le dessous de sa gorge et son croupion sont gris-brun. Sa poitrine, son abdomen et ses sous-caudales, d'un beau jaune vif, portent des taches rouges. Ses ailes et sa queue sont gris-brun avec des plumes bleues et rouge-brun. Ses yeux sont foncés. Son bec et ses pattes tendent au rose carné. Les couleurs du mâle sont plus intenses ; chez la femelle, la couleur de base domine.
Taille : 28 cm.
Habitat naturel : elle vit en Australie, en groupes nombreux et bruyants ; on la rencontre dans les fourrés aussi bien que dans la savane.
Caractère : cette espèce colorée et joyeuse préfère vivre en volière qu'en cage. D'un caractère doux, elle se montre timide et réservée à l'égard de l'homme.
Alimentation : son régime se compose de graines de toutes sor-

Perruche à face bleue

tes, de fruits et de germes. Pour que son alimentation soit complète, il est bon de mettre à sa disposition un mélange de graines sèches, de fruits frais et une pâtée à l'œuf pour Canaris, ainsi que des graines germées et de la chicorée hachée.
Accouplement et reproduction : elle se reproduit facilement même en captivité, à condition que sa volière soit spacieuse et bien abritée. La femelle pond jusqu'à 7 œufs, qui éclosent au bout de 21 jours. Les petits sont autonomes vers l'âge de 6 semaines.

Il existe une autre sous-espèce de Perruche à bonnet bleu, Psephotus haematogaster narethae, *tout à fait semblable, mais aux couleurs légèrement plus variées. Cette variété est très rare en Europe.*

Vie en captivité : elle s'y adapte très bien, surtout si elle est élevée en volière, en plein air.
Diffusion : espèce très répandue figurant dans l'annexe II de la convention de Washington.

PERRUCHE À COLLIER

Nom scientifique : *Psittacula krameri krameri*
Famille : Psittacidés
Description : c'est un oiseau léger et agile, à longue queue ; son plumage est d'un vert soutenu et son bec brun rougeâtre. Le mâle porte un collier rose-rouge et des taches noires sur la face.
Taille : 35-40 cm.
Habitat naturel : cette Perruche vit en Afrique centrale, en Inde, au Moyen-Orient, à Singapour, au Sri Lanka et sur l'île Maurice. Elle fréquente les fourrés et les terres cultivées.
Caractère : l'espèce est bruyante et joueuse, et aime la vie de groupe.
Alimentation : elle est très gourmande et se nourrit de graines, de baies, de fleurs et de fruits. En captivité, son régime idéal se compose d'un bon mélange de graines et d'une pâtée à l'œuf, à laquelle il est conseillé d'ajouter des morceaux de fruits, des légumes hachés et des graines germées.
Accouplement et reproduction : le couple se livre à divers rituels avant de préparer le nid. En nature, les oiseaux nidifient dans le creux des troncs d'arbres, dans les anfractuosités des murs ou sous les toits des maisons. La femelle pond de 3 à 5 œufs qu'elle couve pendant 22 jours. Les petits sor-

Perruches à collier

tent du nid à l'âge de 7 semaines. Ils sont autonomes 2 ou 3 semaines plus tard. En captivité, cet oiseau ne se reproduit que s'il vit en volière et s'il jouit d'une grande tranquillité.
Vie en captivité : cette espèce s'y adapte facilement, bien qu'elle ne soit pas particulièrement docile ; son bec est puissant, ce dont on s'aperçoit bien vite ! Elle préfère vivre en volière qu'en appartement.
Diffusion : on la trouve assez facilement. Elle figure dans l'annexe II de la convention de Washington.

PERRUCHE DE STANLEY

Nom scientifique : *Platycercus icterotis icterotis*
Famille : Psittacidés
Description : le mâle a une tête rouge et des yeux sombres cerclés de gris ; le dessous de sa gorge est jaune, sa poitrine rouge, et son croupion vert-brun ; ses ailes et sa queue sont d'un vert-bleu pâle. La femelle est brique, avec des nuances vertes ; le dessous de sa gorge est d'un jaune peu profond, marqué de teintes bleues à peine visibles.
Taille : 25 cm.

Perruche de Stanley (mâle)

Habitat naturel : cette Perruche vit dans le sud de l'Australie méridionale et s'adapte à n'importe quel environnement. Elle se déplace en groupes nombreux.

Caractère : elle se montre joyeuse, et, bien qu'un peu sauvage, s'entend très bien avec l'homme. Bruyante et pleine de vie, elle s'adapte sans difficulté à la vie en volière, qu'elle préfère à la vie en appartement.

Alimentation : elle se nourrit de graines et de fruits. Frugale et résistante, elle ne demande pas d'attentions particulières ; il est cependant conseillé de compléter son régime habituel par une pâtée pour Canaris mélangée avec des graines germées ou cuites.

Accouplement et reproduction : elle se reproduit très bien, même en captivité, mais elle a besoin d'espace et de tranquillité. La femelle pond de 4 à 6 œufs qu'elle couve pendant 3 semaines. Les petits sont indépendants vers l'âge de 6 semaines.

Vie en captivité : elle s'y adapte fort bien mais préfère de toute évidence les volières en plein air.

Diffusion : espèce très répandue figurant dans l'annexe II de la convention de Washington.

La Perruche de Stanley a une sous-espèce qui lui ressemble beaucoup, Platycercus icterotis anthogenys.

Les Perroquets de grande taille

Les Perroquets de grande taille appartiennent à la famille des Psittacidés ou des Cacatuidés. Les Psittacidés sont de loin les plus importants numériquement : ainsi les Amazones, dont nous n'examinerons que quelques espèces, sont à elles seules deux fois plus nombreuses (40) que tous les Cacatuidés.

Les grands Aras occupent une place de premier plan parmi les grands Perroquets. Le plus apprécié d'entre eux est l'*Ara ararauna*. Les Aras peuvent se reproduire en captivité : encore faut-il que l'éleveur fasse preuve d'opiniâtreté, de patience et d'amour... Les Perroquets de grande taille sont en effet caractérisés par leur longévité, leur résistance et... leur difficulté à se reproduire ! Mais ils s'adaptent bien à la vie à l'intérieur, apprécient la compagnie de l'homme et apprennent bien à « parler ». Ils peuvent s'habituer (difficilement toutefois) à vivre en colonies mixtes, comme le montre la photo ci-contre où l'on voit un groupe de Psittacidés appartenant à 3 espèces différentes.

*Page ci-contre, en haut : couple d'*Ara ararauna *bec contre bec ; c'est un prélude à la reproduction. En bas : groupe de perroquets de diverses espèces ; au premier plan (avec l'aile bleue), une Perruche pâle ; sur le perchoir, deux Amazones, l'une à face bleue et l'autre à front jaune ; agrippés au grillage de la volière (au fond), quatre* Ara manilata

AMAZONE À FRONT BLEU

Nom scientifique : *Amazona aestiva aestiva*
Famille : Psittacidés
Description : oiseau compact, à queue courte et en spatule. Son plumage est vert, avec quelques éclats jaunes et rouges. Son front est bleu, son œil entouré de jaune ; l'iris est noir orné d'un cercle orange. Son bec et ses pattes sont gris. Il n'y a pas de dimorphisme sexuel.
Taille : 36 cm.
Habitat naturel : originaire du Brésil, cette Amazone se plaît dans n'importe quel environnement où l'eau abonde. Elle aime se nourrir de maïs et s'approche donc des champs cultivés.
Caractère : elle est sociable et douée de grandes facultés d'adaptation. Elle instaure de très bonnes relations avec l'homme, s'apprivoise facilement et « parle » bien.

Amazones à front bleu du Brésil

Alimentation : elle se nourrit de graines et de fruits. En captivité, il est bon d'ajouter à son alimentation une pâtée riche en maïs cuit et cru, en compléments protidiques en

*Il existe d'autres espèces d'amazones, fort semblables à celle-ci, qui s'accouplent entre elles et donnent naissance à des sujets féconds. Il s'agit entre autres de l'Amazone à front bleu du Paraguay (*Amazona aestiva xanthopteryx*), de l'Amazone à front jaune (*Amazona ochrocephala ochrocephala*) et de l'Amazone à front jaune de Panamá (*Amazona ochrocephala panamensis*). Leur taille et leurs couleurs ne présentent pas de grandes différences.*

poudre et en petits morceaux de légumes, et une pâtée pour Canaris.
Accouplement et reproduction : les oiseaux utilisent le même nid, construit dans un tronc d'arbre, pendant de nombreuses années. La femelle pond de 3 à 5 œufs, une fois par an. Les œufs éclosent au bout de 25 jours, et les jeunes sortent du nid 9 semaines plus tard. Ils dépendent de leurs parents pendant 8 semaines encore. L'Amazone à front bleu se reproduit facilement en captivité, que ce soit en cage ou en volière.
Vie en captivité : elle s'adapte parfaitement à la vie en cage ou en volière et apprécie la compagnie de l'homme.
Diffusion : espèce très répandue figurant dans l'annexe II de la convention de Washington.

AMAZONE À TÊTE BLANCHE

Nom scientifique : *Amazona leucocephala leucocephala*
Famille : Psittacidés

Description : cet oiseau compact présente un plumage vert sur lequel tranchent son front blanc, ses joues et sa gorge rouge vif, ses yeux foncés, ses pattes gris clair et son bec rose carné. Il n'y a pas de dimorphisme sexuel.

Amazone à tête blanche

Taille : 32 cm.
Habitat naturel : cette espèce vit à Cuba et aux Bahamas, dans les forêts et les fourrés, à l'écart des installations humaines.
Caractère : elle est sociable, bien qu'un peu timide, et s'apprivoise facilement si elle est née en captivité.
Alimentation : elle se nourrit de fruits et de graines variées. En captivité, il est conseillé de lui offrir une pâtée à base de graines germées ou cuites, de pâtée pour Canaris et de compléments protidiques en poudre.
Accouplement et reproduction : comme toutes les Amazones, la femelle ne pond qu'une seule fois par an. Les œufs (de 2 à 4) éclosent au bout de 25 jours, et les petits sont indépendants à l'âge de 18 semaines.
Diffusion : espèce très appréciée et très rare, figurant dans l'annexe I de la convention de Washington.

ARA ARARAUNA

Nom scientifique : *Ara ararauna*
Famille : Psittacidés
Description : c'est l'un des Perroquets les plus grands. Son envergure est remarquable, sa queue est longue, et son plumage séduit par ses couleurs vives : front vert, brides et joues blanches, avec de légers traits noirs, plus marqués près des yeux ; nuque, croupe, ailes et queue bleues, dessous de la gorge noir, cou, poitrine, ventre et abdomen jaunes. Ses yeux sont bordés de jaune ; l'iris est noir. Le bec, les pattes et les ongles sont gris foncé. Il n'y a pas de dimorphisme sexuel évident ; le mâle a toutefois une tête et un bec légèrement plus grands que ceux de la femelle.
Taille : 88 cm.
Habitat naturel : ce Perroquet vit dans les régions septentrionales de l'Amérique du Sud. Il préfère les forêts et les fourrés, mais il peut vivre dans les savanes, à condition qu'il y ait de grands arbres où il puisse se percher et nidifier.
Caractère : c'est un oiseau flegmatique et très sociable. Ses dons d'imitateur en font un grand parleur.

*Couple d'*Ara ararauna *de l'élevage Luisa*

Alimentation : dans la nature, il consomme des graines et des fruits. En captivité, il est conseillé de lui offrir un mélange de graines sèches, des fruits et une pâtée à base de graines fraîches (éventuellement germées), de légumes verts ou autres (par exemple des carottes, du chou, de la chicorée) coupés en petits morceaux, de compléments protidiques en poudre et de pâtée pour Canaris.

Accouplement et reproduction : en liberté, il construit son nid dans le creux des troncs d'arbres. La femelle pond 2 ou 3 œufs qui éclosent au bout de 26 jours. L'*Ara ararauna* atteint sa maturité sexuelle très tard (vers 6 ou 7 ans) ; les femelles sont en général plus précoces que les mâles. En liberté, le couple vit longtemps ensemble avant de se reproduire. Les oisillons sortent du nid au bout de 14 semaines ; ils sont indépendants 14 jours plus tard.

Diffusion : cette espèce assez répandue figure dans l'annexe II de la convention de Washington.

ARA CHLOROPTÈRE

Nom scientifique : *Ara chloroptera*
Famille : Psittacidés
Description : c'est un grand Perroquet, dont la couleur principale est le rouge. Ses ailes sont vertes et bleues : le vert domine, et l'on remarque aussi quelques plumes vertes sur le dos. Ses brides et ses joues sont blanches tachetées de rouge. Sa mandibule supérieure est rose carné, sa mandibule inférieure grise. L'iris est noir, bordé de clair. Les pattes sont gris foncé. Il n'existe pas de dimorphisme sexuel.
Taille : 90 cm.
Habitat naturel : il vit dans les forêts pluvieuses d'Amérique du Sud, du Panamá à l'Argentine.
Caractère : ce robuste Perroquet possède de grandes facultés d'adaptation. Très sociable, il se laisse apprivoiser facilement et apprend très bien à « parler ».
Alimentation : il se nourrit de graines et de fruits. En captivité, il est conseillé d'ajouter à ce régime une pâtée composée de compléments protidiques en poudre, de pâtée pour Canaris, de légumes en morceaux, à demi bouillis ou germés.
Accouplement et reproduction : en liberté, le couple nidifie dans la cavité d'un arbre. Il conserve le

Ara chloroptère

même nid pendant des années et le laisse ensuite à sa progéniture. La femelle pond 2 ou 3 œufs qui éclosent au bout de 27 jours. Les petits restent dans le nid pendant 15 semaines. Ils se déplacent ensuite pendant 6 semaines sans voler, mais en s'agrippant aux branches, de leur bec et de leurs pattes robustes. Il commencent à voler et sont indépendants 9 semaines plus tard. En captivité, la reproduction est assez facile une fois le couple formé.

Diffusion : espèce très répandue figurant dans l'annexe II de la convention de Washington.

ARA MANILATA

Nom scientifique : *Ara manilata*
Famille : Psittacidés
Description : c'est un bel oiseau, à la silhouette élégante. Son plumage est vert, avec des nuances bleuâtres. Ses brides et ses joues jaunes font ressortir le noir de ses yeux et de son bec. Ses pattes sont gris foncé. Il n'existe pas de dimorphisme sexuel.
Taille : 50 cm.
Habitat naturel : il est répandu au Brésil, en Colombie, au Pérou et à Trinidad. Il aime les savanes et les régions plantées de palmiers.
Caractère : sauvage et timide, il s'apprivoise difficilement.

Ara manilata

Alimentation : des graines variées et des fruits constituent son régime habituel. En captivité, il est donc conseillé de lui préparer une pâtée cuite, à base de graines variées, de compléments protidiques en poudre et de petits morceaux de carotte.
Accouplement et reproduction : la femelle nidifie dans le creux des arbres. Elle pond 2 ou 3 œufs qui éclosent au bout de 27 jours. Cet Ara se reproduit difficilement en captivité. Il abandonne souvent les oisillons s'il est dérangé. L'éleveur doit donc surveiller le nid attentivement et procéder à l'élevage artificiel si nécessaire.
Vie en captivité : de tous les grands Aras, c'est celui qui s'y adapte le moins facilement. Il préfère la volière à la cage, et il est difficile de le domestiquer. Timide et réservé, ce n'est pas un bon parleur.
Diffusion : il n'est pas très répandu et figure dans l'annexe II de la convention de Washington.

CACATOÈS SOUFRÉ À HUPPE ORANGE

Nom scientifique : *Cacatua sulphurea citrinocristata*
Famille : Cacatuidés
Description : ce Perroquet de forme compacte et robuste présente un plumage d'un blanc immaculé et une huppe érectile d'un orangé plus ou moins intense. On remarque également, sous l'œil, une petite tache orange pâle. L'iris est sombre, les yeux sont bordés de bleu. Le bec est gris-noir, et les pattes sont couleur plomb.
Taille : 34 cm.
Habitat naturel : il est répandu dans toute l'Indonésie et en particulier dans l'île de Sumba. Il apprécie les brousses à végétation rare.
Caractère : c'est un oiseau tranquille et sociable qui aime la compagnie. Pour des raisons physiologiques, son bec doit toujours être en activité : il est donc souvent en train de mordiller quelque chose. Ce Cacatoès peut cohabiter avec d'autres espèces de Perroquets.
Alimentation : en captivité, comme dans la nature, son régime de base se compose d'un mélange de graines, de fruits et de germes. On peut cependant ajouter au mélange traditionnel de graines sèches une pâtée à base de graines cuites, de compléments protidiques en poudre et de pâtée pour Canaris.

Cacatoès soufré à huppe orange

Accouplement et reproduction : en liberté, il construit des nids dans les cavités des arbres et dans les anfractuosités rocheuses. La femelle pond de 2 à 4 œufs qui éclosent au bout de 28 jours. Les oisillons sortent du nid à l'âge de 10 semaines environ, mais ils restent encore avec leurs parents pendant 4 semaines. En captivité, ce Cacatoès ne se reproduit que s'il dispose d'une volière confortable, d'un bon nid et d'une alimentation complète. Pendant la période d'élevage, il faut lui apporter des quantités généreuses de protéines animales.

Vie en captivité : c'est un excellent compagnon à la maison ; il s'attache beaucoup à l'homme et aime jouer avec lui.

Diffusion : ce n'est pas le Cacatoès le plus répandu, mais on le trouve avec une certaine facilité. Il figure dans l'annexe II de la convention de Washington.

Chez le Cacatoès soufré à huppe orange, le dimorphisme sexuel est à peine marqué ; l'iris du mâle est noir, celui de la femelle brun rougeâtre.

PERROQUET GRIS

Nom scientifique : *Psittacus erithacus erithacus*
Famille : Psittacidés
Description : c'est un oiseau compact, d'aspect robuste. Ses couleurs sont caractéristiques : plumage d'un gris intense, devenant plus clair sur le ventre, face blanchâtre, queue rouge vif, rémiges noires, iris noir cerclé d'un anneau jaune vif, pattes gris clair, bec gris foncé, tendant vers le noir. Il n'existe pas de dimorphisme sexuel.
Taille : 33 cm.
Habitat naturel : il vit en Afrique centrale, des régions occidentales du Kenya à la Tanzanie. Il est répandu dans les forêts, dans les mangroves et dans les savanes.
Caractère : bien qu'assez sociable, il a de temps en temps un comportement agressif. Excellent compagnon de jeu, il apprend très bien à « parler » lorsqu'il est apprivoisé.
Alimentation : très frugal et peu difficile, il mange des graines de toutes sortes, des baies, des germes et des fruits.
Accouplement et reproduction : il nidifie dans des troncs d'arbres deux fois par an tout au plus. La femelle pond 3 ou 4 œufs qui éclosent au bout de 28 jours. Les petits passent 12 semaines dans le nid ; lorsqu'ils le quittent, ils restent encore 12 à 15 semaines avec leurs parents. Le Perroquet gris se reproduit assez facilement en captivité. Il a cependant besoin d'une volière spacieuse pour élever ses petits : il tend à négliger sa progéniture s'il vit dans un espace confiné. Dans une cage de dimensions moyennes, il faut donc surveiller la croissance des oisillons et procéder à l'élevage artificiel si nécessaire.
Vie en captivité : le perroquet gris s'adapte très facilement à la vie à l'intérieur, surtout s'il est né en captivité. D'un tempérament joyeux et joueur, il a besoin de compagnie. Laissé trop souvent seul, il devient triste et apathique.
Diffusion : on le trouve sans difficulté. Il figure dans l'annexe II de la convention de Washington.

Il existe une autre sous-espèce de Perroquet gris, de taille légèrement inférieure (29 cm), qui vit en petits groupes en Sierra Leone, au Liberia, en Côte-d'Ivoire et en Guinée méridionale. Il s'agit de Psittacus erithacus timneh, *dont la queue est moins rouge, et dont la mandibule supérieure peut être brun rougeâtre.*

Perroquets gris adultes

Les frugivores

Les frugivores forment un groupe particulier, qui comprend tous les Loriidés, soit 54 espèces de Perroquets. Les Loriidés constituent la troisième famille de Psittaciformes (les deux autres étant les Psittacidés – 243 espèces – et les Cacatuidés – 18 espèces). Ils possèdent une langue rugueuse, grâce à laquelle ils lèchent le nectar et le pollen des fleurs. Dans la nature, ils se nourrissent uniquement de fruits et de nectar.

Outre les Loriidés, dont nous examinerons quelques-unes des espèces les plus répandues, nous étudierons l'*Irena puella*, de la famille des Irénidés (qui compte 14 espèces). L'Irena peut être classée dans le groupe des frugivores en raison de ses habitudes alimentaires qui, dans la nature, la portent à se nourrir presque exclusivement de fruits.

Les Loriidés et l'*Irena puella* aiment vivre en volière : c'est dans ce type d'habitat qu'ils peuvent le mieux exprimer leur joie de vivre par leurs vols et leurs cris.

IRENA PUELLA

Nom scientifique : *Irena puella*
Famille : Irénidés
Description : c'est un petit oiseau compact, d'aspect robuste et vif. Le plumage du mâle et celui de la femelle sont de couleurs très différentes. Le ventre, la tête et les ailes du mâle sont d'un beau noir velouté ; son dos est d'un bleu magnifique. Chez la femelle, le noir est remplacé par du brun, et le bleu par du vert (mais les zones vertes, chez la femelle, sont plus étendues que les zones bleues, chez le mâle). Les yeux sont orange vif.
Taille : 25 cm.

Habitat naturel : essentiellement arboricole, cette espèce ne descend à terre que pour boire. Elle vit dans une vaste zone qui s'étend des Philippines à l'Inde, de l'Asie du Sud-Est aux îles de la Sonde et aux îles Andaman. Elle aime les forêts situées en altitude (1 700 m environ).
Caractère : timide et réservée, elle est cependant sociable. Elle peut cohabiter avec des espèces dont les habitudes de vie sont légèrement différentes des siennes, ainsi les Turdidés et les Muscicapidés.
Alimentation : dans la nature, elle se nourrit presque exclusivement de fleurs, de fruits et de germes. Elle se pose de temps en temps à terre pour ramasser de petits insec-

Irena puella *: deux mâles et une femelle*

tes. Il est assez difficile de trouver le régime qui lui convient le mieux en captivité. Les fruits frais (kiwis, poires, pommes, bananes, etc.) et les légumes coupés en morceaux (carotte, chou, chicorée, etc.) lui sont indispensables, mais elle apprécie également une bouillie onctueuse composée de pâtée à l'œuf pour Canaris, de pâtée pour insectivores et de graines germées (nigelle et soja surtout), le tout mélangé à un peu d'eau. Il est bon d'ajouter à son eau de boisson des sels minéraux et des vitamines solubles.

Accouplement et reproduction : elle construit son nid dans les arbres les plus hauts et les mieux cachés des forêts, à environ 5 ou 6 m de hauteur. La femelle pond de 4 à 6 œufs qui éclosent au bout de 18 jours. Les petits sont indépendants vers l'âge de 40 jours. Cet oiseau se reproduit rarement en captivité et a besoin d'une grande volière.

Vie en captivité : l'espèce s'y adapte bien et se laisse même apprivoiser. Elle préfère vivre en volière à l'extérieur qu'à la maison.

Diffusion : on la trouve assez facilement si l'on s'adresse à des magasins spécialisés ou à des importateurs d'oiseaux exotiques.

LORIQUET ARC-EN-CIEL

Nom scientifique : *Tricoglossus haematodus haematodus*

Famille : Loriidés

Description : la couleur de base est un beau vert intense. La tête bleu foncé s'orne d'un collier jaune tandis que la gorge est d'un rouge bleuté ; des éclats jaunes apparaissent sur presque tout le reste du corps, terminé par une longue queue. Le bec est orange vif, l'œil bordé de rouge orangé ; l'iris est noir. Les pattes sont gris clair. Il n'existe pas de dimorphisme sexuel.

Taille : 26 cm.

Habitat naturel : il vit en Australie, en Tasmanie et à Bali, dans les jardins fleuris et les forêts où les fleurs abondent. Il est bruyant et se déplace en groupes de quarante à cent individus, qui volent ensemble à la recherche de nourriture.

Caractère : bruyant et vif, il s'adapte mal à la vie en appartement. Il se plaît beaucoup dans les volières placées dans le jardin.

Alimentation : il se nourrit essentiellement de fruits et de fleurs, mais ne dédaigne ni les germes ni les petites graines fraîches. En captivité, il est bon de lui préparer un mélange de fruits passés au

Loriquets arc-en-ciel

mixeur, auquel on ajoute des compléments protidiques en poudre, du miel et de l'eau afin que l'ensemble ait la consistance du yaourt.

Accouplement et reproduction : il nidifie dans les troncs d'arbres, où la femelle pond 2 ou 3 œufs qui éclosent au bout de 25 jours. Les petits quittent le nid vers l'âge de 7 à 8 semaines. En captivité, la reproduction n'est pas des plus faciles. Elle n'est possible que si l'habitat est idéal et l'alimentation excellente.

Vie en captivité : l'oiseau s'y adapte facilement, mais il préfère la volière à la cage. Il peut vivre en petites colonies dans des volières placées dans le jardin, où ses couleurs et sa vivacité seront le mieux appréciées.

Diffusion : espèce assez répandue figurant dans l'annexe II de la convention de Washington.

Il existe environ 20 sous-espèces de Loriquets arc-en-ciel. Il est difficile de les distinguer, même si l'on est expert : seules les différencient d'infimes nuances de leur plumage.

LORI ROUGE

Nom scientifique : *Eos bornea bornea*
Famille : Loriidés
Description : c'est un Perroquet au corps fuselé, dont le plumage a des couleurs splendides. La couleur de base est le rouge vif, mais les ailes portent quelques plumes bleues, et sont noires dans leur partie terminale. Le dessous de la queue présente une région bleu vif. Les yeux sombres sont cerclés d'orange brique, le bec est d'un orange intense. Les pattes sont

Lori rouge

gris clair avec des ongles sombres. Il n'existe pas de dimorphisme sexuel.
Taille : 31 cm.
Habitat naturel : le Lori rouge vit en Indonésie et en Nouvelle-Guinée. Il préfère les régions où la végétation est luxuriante, car il se nourrit de fruits et de fleurs, dont il extrait le pollen et le nectar.
Caractère : c'est un oiseau très joyeux et très vif, qui vole particulièrement bien par rapport aux autres Perroquets. Il adopte souvent des postures insolites (ainsi, il aime se suspendre la tête en bas).
Alimentation : dans la nature, il se nourrit exclusivement de nectar et de fruits. Il complète son régime avec des bourgeons et du pollen qu'il extrait des fleurs. En captivité, son régime idéal se compose d'un mélange de fruits, auquel on ajoute des compléments protidiques en poudre, du miel et de l'eau, afin que l'ensemble ait la consistance du yaourt. Des fruits frais de saison peuvent être présentés à part.
Accouplement et reproduction : cette espèce se reproduit facilement, en liberté comme en captivité. La femelle pond 2 œufs qu'elle couve 24 jours. Les jeunes restent dans le nid pendant 9 semaines environ. Leur plumage porte de nombreuses taches sombres : leurs plumes sont en effet bordées de noir jusqu'à la première mue. En captivité, il peut arriver que les parents donnent des coups de bec à leurs petits et qu'ils les plument. Il est alors conseillé de procéder à l'élevage artificiel.
Vie en captivité : le Lori rouge s'adapte très bien à la vie en volière, même en groupe. C'est dans ce type d'habitat qu'il exprime le mieux toute sa joie de vivre. Il redoute les températures basses, mais parvient cependant à supporter des hivers rigoureux si l'on prend les précautions nécessaires (volière abritée, alimentation saine) et si l'on veille à ce que l'humidité ne soit pas excessive. Adopté dès son plus jeune âge, le Lori rouge s'apprivoise bien et peut même vivre à l'intérieur, dans des cages de dimensions modestes (100 x 70 x 70 cm).
Diffusion : espèce assez répandue figurant dans l'annexe II de la convention de Washington.

Les insectivores

De nombreux insectivores peuvent être élevés en cage ou en volière. Nous n'évoquerons ici que les espèces les plus répandues, car de nombreux autres oiseaux ont des mœurs et des besoins identiques. Certains d'entre eux, comme le Mainate religieux, appartiennent à la famille des Sturnidés ; d'autres composent la famille plus étendue des Muscicapidés, qui comprend plus de 1 300 espèces, réparties en diverses sous-familles (Sylviinés, Turdinés, Timaliinés, Muscicapinés) ; d'autres enfin forment des familles moins nombreuses, comme les Panurinés, les Picathartinés, les Orthonichinés, les Polioptilinés, les Malurinés, les Monarchinés, les Platysteirinés, les Rhipidurinés ou les Pachycéphalinés.

Geais

MAINATE RELIGIEUX

Nom scientifique : *Gracula religiosa*
Famille : Sturnidés
Description : cet oiseau compact et robuste, au plumage d'un noir luisant, porte une bande blanche sur chaque aile et des caroncules d'un jaune intense près de l'œil, qui diffèrent légèrement selon les sous-espèces. Son bec robuste est orange vif, son œil foncé. Ses pattes sont jaunes. Il n'existe pas de dimorphisme sexuel.
Taille : 16-30 cm, selon la variété.
Habitat naturel : il vit en Inde, au Sri Lanka, en Indonésie, en Chine méridionale, dans les îles de la Sonde et dans les îles Andaman. Il affectionne les forêts et les bois.
Caractère : bruyant et bagarreur, le Mainate n'aime pas vivre en groupes trop nombreux. Il s'entend très bien avec l'homme ainsi qu'avec les animaux domestiques qu'il ne redoute aucunement.
Alimentation : omnivore, il se nourrit d'insectes, de fruits, de baies, de germes et de fleurs dont il apprécie le nectar. En captivité, son régime de base se compose d'une pâtée pour insectivores à laquelle on peut ajouter des fruits frais ou secs. Un os de seiche et du gravier lui sont indispensables. Il adore les friandises, que l'on peut utiliser comme récompense lors de la phase d'apprentissage.

Mainate religieux

Accouplement et reproduction : la femelle pond 2 ou 3 œufs dans les cavités des arbres. Les Mainates religieux sont d'excellents parents, qui s'occupent bien de leur progéniture. Ils se reproduisent difficilement (et rarement) en captivité.
Vie en captivité : c'est un excellent oiseau d'appartement. Il tend à instaurer un rapport d'égalité avec l'homme, dont il apprécie le voisinage. Au fil du temps, il apprend à répéter quelques mots, et lance des sifflements très aigus. Le Mainate doit souvent être baigné. Il peut vivre en volière à l'extérieur ou en cage. Il a besoin de compagnie, et il aime jouer avec les hommes et avec ses congénères.
Diffusion : on le trouve très facilement. Il est conseillé de choisir un sujet jeune, qui n'est pas encore autonome et qu'on élèvera donc artificiellement : il s'adaptera ainsi plus facilement et s'attachera davantage à son propriétaire.

MESIA

Nom scientifique : *Leiothrix argentauris*
Famille : Muscicapidés (sous-famille des Timaliinés)
Description : il s'agit d'un bel oiseau dont la couleur de base est le gris-brun. Sa tête est noire, avec des taches jaunes près du bec.
Le dessous de sa gorge est rouge chez le mâle, jaune chez la femelle. Il porte des teintes rouge orangé sur le ventre et les ailes. Son bec est jaunâtre et ses pattes sont claires. Ses yeux sont ronds et noirs.
Taille : 14 cm.
Habitat naturel : il vit dans les sous-bois (parfois dans les zones cultivées) d'une vaste région qui comprend le sud de la Chine, l'Asie du Sud-Est et Sumatra.
Caractère : sociable et tranquille, il est facile à apprivoiser. Si vous lui montrez des vers de farine, dont il est très friand, vous le convaincrez facilement de manger dans votre main.
Alimentation : en liberté, il se nourrit de petits insectes, de larves, de baies, de germes et quelquefois de fruits.
En captivité, son régime de base se compose d'une pâtée pour insectivores, à laquelle on ajoute des vers vivants, de la pâtée pour Canaris, des morceaux de fruits et des graines germées. Il est friand de bananes, de gâteaux de toutes sortes, de raisin et de pommes.

Mesia

Accouplement et reproduction : il construit des nids dans les profondeurs des sous-bois. La femelle pond de 3 à 5 œufs qui éclosent au bout de 2 semaines environ.

Les petits sont indépendants vers l'âge d'un mois. En captivité, cet oiseau ne se reproduit que s'il vit dans une volière bien abritée et s'il dispose d'un nichoir-boîte dont l'entrée est une fente et non un trou rond. Lorsque les petits sont nés, il faut ouvrir la volière pour permettre aux parents de sortir et d'aller chercher tout ce dont ils ont besoin pour élever leur progéniture. La troisième semaine, toute la famille doit être à nouveau enfermée, pour éviter que parents et petits ne s'échappent. Pendant la période de reproduction, il est bon d'apporter des aliments frais (vers de farine, larves de ténébrion).

Vie en captivité : le Mesia s'y adapte sans difficulté, s'apprivoise facilement et vit volontiers au contact de l'homme.

Diffusion : on ne le trouve que chez les importateurs et dans les magasins spécialisés.

ROSSIGNOL DU JAPON

Nom scientifique : *Leiothrix lutea*
Famille : Muscicapidés (sous-famille des Timaliinés)
Description : il s'agit d'un oiseau trapu. Ses pattes robustes sont rose carné. Son bec, long et fin, est très dur ; de couleur orangé, il tend à devenir plus sombre à la base en dehors de la période de reproduction. Son plumage est gris verdâtre avec des nuances jaune orangé sur le dessous de la gorge, la gorge, les ailes et certaines parties de la queue. La femelle est légèrement plus pâle pendant la saison des amours. Les yeux sont grands et ronds.
Taille : 14-16 cm.
Habitat naturel : on le rencontre dans toute la région qui s'étend de l'Himalaya à la Chine, au Japon et

Rossignol du Japon

à l'Asie du Sud-Est. Il a été introduit avec succès à Hawaii. Il recherche les sous-bois obscurs, où il vit en groupes nombreux et bruyants.
Caractère : sociable et joyeux, c'est un oiseau grégaire. Il aime la compagnie, même s'il vit en captivité, et peut cohabiter avec d'autres espèces, si elles ont les mêmes habitudes que lui.
Alimentation : petits insectes, baies, larves et germes constituent son régime de base en nature. En captivité, il se nourrit de fruits et d'une pâtée pour insectivores, mélangée à une pâtée à l'œuf pour Canaris. Il adore les friandises, mais il ne faut pas lui en donner trop souvent pour ménager son foie.
Accouplement et reproduction : le mâle conquiert sa compagne grâce à des sérénades mélodieuses. Le couple construit des nids qu'il garnit abondamment, sur les fourches des arbres. La femelle pond généralement 3 œufs, qu'elle couve en alternance avec le mâle pendant environ 2 semaines. Les petits sont autonomes vers l'âge d'un mois. La reproduction est difficile en captivité. Elle ne réussit que dans des volières spacieuses et bien abritées.
Vie en captivité : cet oiseau s'y adapte très bien et s'attache beaucoup à l'homme ; il a de remarquables dons de chanteur. Il adore se baigner et n'a pas besoin d'une cage très grande.
Diffusion : espèce très répandue.

Les oiseaux terrestres

Les oiseaux terrestres passent leur vie à terre, recherchant leur nourriture parmi les buissons. Grâce à leurs pattes robustes, ils déplacent et grattent la terre en quête de graines, de germes, de petits insectes et de larves. Ils pondent généralement leurs œufs dans des nids de fortune, qu'ils creusent dans de légères dépressions du terrain et garnissent très peu. Les Galliformes, qui sont très nombreux (les Phasianidés à eux seuls sont plus de 150), forment l'essentiel de ce groupe. Nous ne parlerons ici que de la Caille peinte de Chine : c'est le plus petit des oiseaux terrestres et c'est aussi celui qui s'adapte le mieux à la vie en cage ou en volière de dimensions modestes. La Caille des blés et le Colin de Virginie peuvent être élevés de la même façon.

CAILLE PEINTE DE CHINE

Nom scientifique : *Excalfactoria chinensis*
Famille : Phasianidés
Description : c'est un petit oiseau compact, à la queue courte. Les couleurs du mâle sont vives. Le dessous de sa gorge et son ventre sont bleu et rouge brique. Il présente une large bavette noire rayée de blanc, qui s'étend d'un œil à l'autre en passant sous le bec ; ce dessin est plus marqué pendant la période de reproduction. Le reste du corps est chamois et marron foncé. Le bec et les pattes sont gris-brun. L'œil, petit et rond, est bordé d'un filet vert-jaune. Les couleurs de la femelle, gris noisette, sont plus homogènes. D'autres couleurs sont apparues grâce à l'élevage en captivité et aux sélections opérées par les éleveurs : il existe ainsi des mutations blanches, dorées, brun foncé, pie ou chamois clair. Dans toutes ces variétés, les nuances brun rougeâtre et bleuâtres du mâle ont presque totalement disparu.
Taille : 14 cm.
Habitat naturel : elle vit dans une vaste région qui s'étend de l'Inde au sud-est de la Chine, à la Malaisie et à l'Indonésie. Elle est

Caille peinte de Chine (mâle)

désormais très répandue en Australie, où elle fut introduite au siècle dernier. Elle se plaît dans les prairies et les régions marécageuses. Elle se déplace en marchant et ne vole que pour de longs parcours ou pour fuir un danger.

Caractère : c'est un oiseau très vif et toujours en éveil, qui passe sa journée à gratter la terre ou à inspecter le fond de sa cage en quête de nourriture. Elle accomplit de remarquables sauts et est très véloce dans ses déplacements.

Alimentation : elle mange un peu de tout, les petits insectes qu'elle trouve dans la terre tout autant que les petites graines et les germes frais de diverses graminées. Elle aime la compagnie et se déplace en groupes nombreux à la recherche de nourriture. En captivité, son régime idéal se compose d'un mélange de graines à base de panic, d'alpiste, d'avoine décortiquée, de nigelle, de millet et de froment concassé. Une pâtée à l'œuf pour Canaris (que l'on trouve facilement dans le commerce) et des légumes (chicorée, mouron blanc, chou) compléteront son alimentation.

Accouplement et reproduction : les cailles ne construisent pas de véritable nid. Elles se contentent d'une dépression du terrain, en général parmi les herbes hautes et abondantes, dans laquelle la femelle pond de 4 à 8 œufs. La couvaison dure environ 16 jours.

Caille peinte de Chine (femelle)

Après l'accouplement, le mâle se désintéresse complètement de sa progéniture, qui dès sa naissance est capable de suivre sa mère et de picorer çà et là. La mère protège les oisillons et les réchauffe pendant toute la période de croissance, qui se termine au bout de 3 à 4 semaines.

Vie en captivité : résistante et frugale, la Caille peinte de Chine se plaît autant en cage qu'en volière. Elle n'exige pas de soins particuliers : il suffit de lui offrir une alimentation saine et de laisser en permanence de l'eau propre à sa disposition. Elle n'a pas besoin de beaucoup d'espace et peut vivre en groupes nombreux.

Toutefois, l'agressivité des mâles est stimulée s'ils vivent trop nombreux dans un espace réduit : ils s'attaquent à coups de bec sur la croupe et la tête, et se déplument. En captivité, le groupe idéal se compose d'un mâle et de trois ou quatre femelles. Il est certain que la femelle pondra, mais il est moins sûr qu'elle couvera les œufs : elle ne couve en effet que si elle dispose d'un nid confortable et bien abrité. Généralement, l'éleveur ramasse les œufs et les fait éclore artificiellement. Les petits sont ensuite élevés dans des cages chauffées pendant 3 ou 4 semaines et nourris d'aliments en poudre. Si, par chance, la femelle couve les œufs, il est bon de l'isoler du mâle et des autres femelles, qui risqueraient de la gêner lorsqu'elle couve et qui pourraient tuer les nouveau-nés.

Diffusion : on la trouve facilement dans les magasins spécialisés et les marchés aux oiseaux.

DEUXIÈME PARTIE

L'ALIMENTATION ET L'ÉLEVAGE

L'alimentation des sujets adultes

Les oiseaux étudiés dans ce livre ont été répartis en plusieurs groupes, selon leurs besoins alimentaires. Certains aliments ou compléments alimentaires sont cependant conseillés pour tous les oiseaux vivant en captivité. Les tableaux suivants apporteront quelques éclaircissements à ce sujet.

LÉGUMES CONSEILLÉS POUR TOUS LES OISEAUX

Mouron blanc	les oiseaux peuvent consommer les graines encore vertes, la fleur blanche et les feuilles tendres
Chicorée	la feuille peut être donnée entière, ou bien hachée et mélangée à la pâtée
Pissenlit	la feuille peut être donnée entière, ou bien hachée et mélangée à la pâtée
Chou	il peut être distribué en feuilles entières
Épinards	ils peuvent être donnés en feuilles entières
Laitue	en feuilles, avec parcimonie (propriétés laxatives)
Carotte	en morceaux (oiseaux de grande taille) ou râpée (petits oiseaux), mélangée à la pâtée

FRUITS CONSEILLÉS POUR TOUS LES OISEAUX

Pomme	en quartiers, ou bien râpée et mélangée à la pâtée ; à donner avec parcimonie (propriétés laxatives)
Poire	en quartiers, ou bien râpée et mélangée à la pâtée ; à donner avec parcimonie (propriétés laxatives)
Agrumes	citron surtout : quelques gouttes dans l'eau de boisson
Figue sèche	en morceaux dans la pâtée des oiseaux de grande taille ; hachée dans celle des oiseaux plus petits ; c'est une excellente source de protéines
Datte	quelques morceaux dans la pâtée permettent d'augmenter l'apport protéique
Kiwi	en petits morceaux dans la pâtée, ou en quartiers

QUELQUES PRINCIPES ACTIFS

Pincipes actifs	***Aliments qui les contiennent***	***Effets bénéfiques***	***Conséquences de leur carence***
Protéines	jaune d'œuf, viande, céréales	résistance accrue de l'organisme	croissance lente et retardée, problèmes psychologiques
Matières grasses	graines oléagineuses, jaune d'œuf	production d'énergie musculaire, de chaleur corporelle	hypersensibilité au froid et aux maladies
Sels minéraux	sels variés*, os de seiche, gravier	meilleure croissance, formation et fortification du squelette	rachitisme, fragilité du squelette
Sucres	fruits secs, sucre et miel, céréales, pain	résistance au stress, production d'énergie musculaire	amaigrissement, sensibilité aux maladies
Vitamine A	chou, chicorée, carotte, fruit frais	meilleures croissance et vue, résistance aux maladies	rachitisme et mort précoce

* On trouve dans le commerce des comprimés de sels minéraux.

Pincipes actifs	*Aliments qui les contiennent*	*Effets bénéfiques*	*Conséquences de leur carence*
Vitamine B	céréales, graines, germes, œufs	équilibre nerveux, assimilation des graisses et de l'amidon	mort de l'embryon, diarrhée, anémie et sensibilité aux maladies
Vitamine C	fruits et légumes frais	métabolisme et immunisation	sensibilité aux maladies

COMPLÉMENTS CONTRE LE STRESS DE LA VIE DE GROUPE, EN CAGE OU EN VOLIÈRE

Vitamine B_1	*550 mg*
Vitamine B_2	*1 100 mg*
Vitamine B_6	*550 mg*
Vitamine B_{12}	*50 mg*
Cartinite	*3 000 mg*
Choline	*2 000 mg*
Glycine	*12 000 mg*
Méthionine	*1 000 mg*
Lysine	*1 000 mg*

L'ensemble doit être mélangé à un liquide, jusqu'à obtention d'une solution de 1 kg contenant également du glucose, du chlorure de calcium, du citrate de sodium et du chlorure de sodium. Selon la taille de l'oiseau, la dose doit être de 10 à 20 cl par litre.

APPORT POLYVITAMINÉ PENDANT LA CROISSANCE

Vitamine A	*1 500 000*	*U.I.**
Vitamine D_3	*60 000*	*U.I.*
Vitamine E	*7 000*	*mg*
Vitamine B_1	*500*	*mg*
Vitamine B_2	*1 000*	*mg*
Vitamine B_6	*700*	*mg*
Vitamine B_{12}	*10*	*mg*
Vitamine PP	*4 000*	*mg*
Vitamine C	*7 500*	*mg*
Chlorure de choline	*40 000*	*mg*

L'ensemble doit être mélangé à un liquide, jusqu'à obtention d'une solution de 1 kg. Pendant la croissance, et selon la taille de l'oiseau, on administre, deux fois par semaine, des doses allant de 6 à 10 cl par litre.

* Unités Internationales.

POUR STIMULER LA REPRODUCTION

Vitamine E	*4 000*	*U.I.*
Vitamine A	*9 000*	*U.I.*
Vitamine D_3	*9 000*	*U.I.*
Vitamine C	*400*	*mg*
Vitamine B_2	*1 000*	*mg*
Vitamine B_{12}	*1 000*	*mg*

Ces valeurs conviennent pour 1 kg de produit, sous forme de poudre, contenant aussi du cobalt, de l'iode, du cuivre, du zinc (10 à 30 mg environ) ; de la méthionine, de la lysine et de la cystine (200 à 300 mg environ) ; de la levure de bière, de la dextrose et de l'amidon de maïs. Ce complément alimentaire convient aux adultes et éventuellement aux oisillons. Il doit être administré tous les jours, à raison de 12 à 30 g par litre d'eau ou par kilo de pâtée, selon la taille de l'oiseau.

Les granivores de petite taille

RÉGIME IDÉAL DES GRANIVORES DE PETITE TAILLE

- *Mélange de graines (adapté à l'espèce).*
- *Pâtée à l'œuf pour Canaris (vendue prête à l'emploi dans le commerce).*
- *Os de seiche.*
- *Gravier.*
- *Mouron blanc, chicorée, chou.*
- *Pomme (une fois par semaine).*

Ce groupe comprend des espèces appartenant à des familles différentes mais dont le régime alimentaire est identique : un mélange de graines auquel on ajoute une pâtée à

COMPLÉMENT DE L'ALIMENTATION NORMALE DE TOUS LES GRANIVORES

- *Pâtée à l'œuf pour Canaris (vendue prête à l'emploi).*
- *Graines germées (nigelle essentiellement).*
- *Huile de foie de morue lyophilisée.*
- *Charbon en poudre. Ces quatre compléments, qui conviennent à tous les oiseaux, peuvent être administrés séparément ou mélangés.*

Carpodacus thura

l'œuf et divers compléments (os de seiche, gravier, légumes et fruits frais).
Les tableaux ci-dessous présentent les mélanges conseillés aux Estrildidés, aux Plocéidés et aux Fringillidés (parmi lesquels nous citerons *Carpodacus thura*, oiseau répandu dans les bois de conifères du Népal, de Chine, d'Inde et du Tibet).

MÉLANGE DE GRAINES POUR LES ESTRILDIDÉS

Panic	*65 %*
Alpiste	*20 %*
Millet blanc	*5 %*
Nigelle	*5 %*
Avoine décortiquée, navette, riz (pour le Padda), graines de pavot	*5 %*

MÉLANGE DE GRAINES POUR LES FRINGILLIDÉS

Alpiste	*60 %*
Nigelle	*20 %*
Panic	*5 %*
Cardon	*5 %*
Chanvre, avoine décortiquée et tomate	*5 %*
Lin, navette, chicorée, colza, pavot et salade	*5 %*

MÉLANGE DE BASE POUR LES PLOCÉIDÉS

Panic	*60 %*
Alpiste	*15 %*
Millet blanc	*5 %*
Millet rouge	*5 %*
Nigelle	*5 %*
Avoine décortiquée	*5 %*
Lin	*5 %*

LE MOURON BLANC

Le mouron blanc est une graminée spontanée. Ses petites feuilles rondes vert clair, tendres et légèrement grasses, sont portées par une tige fine et aqueuse. Tous les petits granivores raffolent de sa fleur blanche, de ses graines encore vertes ou mûres. Ils mangent même les feuilles de cette plante, dont ils ne gaspillent absolument rien. Le mouron blanc croît de février à novembre, mais on peut aussi le trouver l'hiver, sous les buissons et parfois sous la neige.

Les granivores de taille moyenne

Ce groupe comprend des Plocéidés (voir le tableau ci-dessus), un Estrildidé aux habitudes spécifiques (le Padda, page 42), des Fringillidés un peu plus grands que ceux du groupe précédent (mais qui ont des habitudes alimentaires analogues), des petits Perroquets se nourrissant de graines et de fruits (voir le tableau page 98) et les Tourterelles, Columbidés aux habitudes alimentaires frugales, dont le régime habituel est présenté page 98.

RÉGIME IDÉAL DES GRANIVORES DE TAILLE MOYENNE

- *Mélange de graines (adapté à l'espèce).*
- *Pâtée à l'œuf pour Canaris (vendue prête à l'emploi), à laquelle on ajoute nigelle germée et carottes râpées.*
- *Os de seiche.*
- *Gravier.*
- *Mouron blanc, chou, chicorée.*
- *Pomme (une fois par semaine).*
- *Dattes et figues sèches en morceaux dans la pâtée (une fois par semaine).*

Bruant des neiges

MÉLANGE DE GRAINES POUR LES PETITS PERROQUETS

Panic ....30 %
Alpiste ....30 %
Millet.................................20 %
Avoine décortiquée ....5 %
Lin ....5 %
Colza, chanvre et nigelle ....5 %
Tournesol, maïs et blé.........5 %

MÉLANGE DE GRAINES POUR LES PETITS COLUMBIDÉS (TOURTERELLES)

Panic ....20 %
Alpiste ....20 %
Blé concassé......................15 %
Maïs concassé ....15 %
Avoine décortiquée ....10 %
Riz concassé ....10 %
Nigelle...............................10 %

LA NIGELLE GERMÉE

Elle complète à merveille une alimentation normale et peut être administrée seule ou mélangée à une pâtée à l'œuf. Pour la faire germer, il faut la laisser tremper 3 jours dans de l'eau additionnée d'une cuillerée à soupe de bicarbonate (pour éviter qu'il ne se forme des champignons toxiques), en changeant l'eau tous les jours. Il est conseillé d'égoutter la nigelle et de la sécher avant de l'utiliser.

Les Perroquets de taille moyenne

RÉGIME IDÉAL DES PERROQUETS DE MOYENNE ET GRANDE TAILLE

- *Mélange de graines (adapté à l'espèce).*
- *Pâtée très épaisse et cuite, obtenue avec de la farine de maïs, de l'avoine, du soja, des fèves et de la pâtée à l'œuf pour Canaris, le tout en parts égales ; des graines variées (nigelle, pois chiches, fèves, petits pois, soja, etc.) germées ; des fruits frais en morceaux ; des carottes en morceaux ; du chou et de la chicorée hachés ; une cuillerée à soupe d'huile de foie de morue et une cuillerée à soupe de miel ; un peu de viande précuite pendant la période de reproduction.*
- *Sels minéraux dans l'eau de boisson.*
- *Gravier.*
- *Fruits et légumes frais à part.*
- *Pain et lait (une fois par semaine).*
- *Dattes, figues sèches, pignons et bananes comme friandises.*

Le tableau de la page suivante indique le mélange de graines conseillé pour les Perroquets de taille moyenne, dont nous venons d'examiner le régime alimentaire.

Couple de Perroquets de Cloncurry

MÉLANGE POUR LES PERROQUETS DE TAILLE MOYENNE

Panic	*20 %*
Alpiste	*20 %*
Tournesol	*20 %*
Millet blanc	*10 %*
Chènevis	*10 %*
Avoine décortiquée	*10 %*
Navette, lin et nigelle	*10 %*

LES GRAINES GERMÉES POUR PERROQUETS

Nigelle, petits pois, maïs, blé, pois chiches, haricots et fèves germés sont profitables aux Perroquets, surtout pendant la période de reproduction ; ils peuvent être servis seuls ou mélangés à la pâtée. Les petits pois frais peuvent être donnés enveloppés de leur cosse, très riche en sels minéraux.

Les Perroquets de grande taille

Le mélange de graines conseillé pour les Perroquets de grande taille est présenté ci-dessous.

MÉLANGE DE GRAINES POUR LES PERROQUETS DE GRANDE TAILLE

Tournesol	*40 %*
Maïs	*20 %*
Blé	*20 %*
Arachides	*10 %*
Riz et avoine décortiquée	*10 %*

LES CÉRÉALES CUITES POUR PERROQUETS

Il faut de temps en temps donner aux Perroquets des céréales bouillies : lorsque la pâtée est cuite, on y mélange un complément protidique en poudre (certains éleveurs utilisent de la viande lyophilisée ou de la viande hachée précuite), des morceaux de légumes et du miel.

Les céréales bouillies doivent être servies 2 heures au moins après avoir été retirées du feu, pour éviter que la pâtée chaude ne brûle le jabot de l'oiseau.

Les frugivores

RÉGIME IDÉAL DES FRUGIVORES

- *Fruits frais à volonté.*
- *Pâtée cuite comprenant du miel, de la viande précuite ou lyophilisée, des céréales en poudre (maïs et riz surtout), des fruits frais, une cuillerée à soupe d'huile de foie de morue, du pollen (si l'on en a à sa disposition) et de l'eau, pour donner à l'ensemble la consistance du yaourt.*
- *Rameaux fleuris ou chargés de bourgeons (si possible).*
- *Graines germées (soja et nigelle surtout).*
- *Pâtée sèche préparée avec de la pâtée pour insectivores, de la pâtée pour Canaris, des biscuits pour insectivores et un mélange de graines variées (cette deuxième pâtée doit être gardée en réserve).*

Le régime alimentaire indiqué ci-dessus convient à tous les Loriidés.

Pour l'*Irena puella*, se reporter à la page 73.

LE PÉCHÉ MIGNON DES LORIIDÉS

Il s'agit d'un mélange de maïs encore vert et tendre, de graines de soja germées et de miel.

Les insectivores

RÉGIME IDÉAL DES INSECTIVORES

- *Pâtée pour insectivores.*
- *Fruits et légumes en morceaux.*
- *Gravier.*
- *Os de seiche.*
- *Sels minéraux et complément vitaminé (de temps en temps) dans l'eau de boisson.*
- *Larves de ténébrion et larves diverses comme friandises.*
- *Pâtée à l'œuf pour Canaris, mélangée à de la nigelle germée.*

*Couple de Loris sombres (*Pseudos fuscata*), Loriidés très répandus*

On voit dans cette volière quelques Irena puella *qui cohabitent facilement avec les insectivores (ici des Turdidés). On remarque également un Mainate religieux en haut à gauche*

Tel est donc le régime de base des insectivores. Il faut cependant se rappeler que ces oiseaux aiment chercher dans la terre des petites larves, des petits insectes et des œufs de toutes sortes (de fourmis, etc.).
Ainsi, chaque fois que vous le pouvez, ramassez un peu de terre dans un sous-bois (loin des champs cultivés et donc des désherbants) ; ajoutez-y des vers de farine et des lombrics. Votre ami se régalera.

PAIN ET LAIT POUR LES INSECTIVORES

Lorsqu'on élève un insectivore, il est bon de lui donner de temps en temps une petite douceur pour compléter son alimentation habituelle, par exemple une soupe de pain et de lait, dans laquelle on fait fondre une cuillerée à soupe de miel. Cette soupe doit être onctueuse mais pas trop liquide.

Les oiseaux terrestres

Lorsque nous avons parlé de la Caille peinte de Chine, nous avons expliqué ce dont elle a besoin pour vivre. Nous allons à présent étudier le régime idéal de tous les oiseaux terrestres.

Caille peinte de Chine femelle (variété blanche)

RÉGIME IDÉAL DES OISEAUX TERRESTRES

- *Mélange de graines (adapté à l'espèce).*
- *Pâtée à l'œuf pour Canaris (50 %) et pâtée pour insectivores (50 %).*
- *Mouron blanc et chicorée.*
- *Gravier.*

LES PETITS DES CAILLES

Outre les aliments habituels, ils adorent, dès leur naissance, manger un œuf dur émietté, qu'il est conseillé de passer au presse-purée pour qu'il soit moins pâteux. Ils apprécient également la chicorée finement hachée.

L'importance de l'eau

L'eau est essentielle à tous les oiseaux. Un bon éleveur doit veiller à ce que ses pensionnaires aient toujours de l'eau propre et fraîche à leur disposition : elle leur permet en effet d'étancher leur soif et de se baigner. Le bain est aussi indispensable à la santé de l'oiseau qu'une alimentation saine et complète. Vous devez donc chaque jour remplir une petite baignoire d'eau, que vous changerez dès que les oiseaux se seront baignés. Si vous procédez ainsi, vos oiseaux se baigneront sans attendre, dès que vous aurez changé l'eau de leur bain, et ils s'habitueront à boire dans leurs abreuvoirs, où vous mettrez si nécessaire un complément vitaminé, des sels minéraux ou des médicaments. Il est d'ailleurs conseillé d'ajouter, toutes les deux semaines, quelques gouttes de citron dans l'eau de boisson : le citron est un désinfectant efficace et une excellente source de vitamine C.

Couple de Diamants mandarins perchés sur des nids : le mâle (qui a un bec plus rouge et un plumage plus coloré) vient de se baigner et il est encore mouillé

LES OISEAUX ET LA DOUCHE

Beaucoup d'oiseaux aiment aussi prendre une douche : c'est le cas des grands Perroquets qui se laissent apprivoiser et vivent à la maison. Vous pouvez donc les placer dans votre baignoire et les doucher à l'eau tiède. C'est un moment qu'ils apprécient d'ordinaire : ils soulèvent même leurs ailes pour que l'eau pénètre partout. Vous pouvez aussi doucher votre oiseau grâce à un vaporisateur, que vous remplirez d'eau tiède mélangée à un désinfectant. Il est recommandé de doucher les oiseaux l'été, lorsqu'ils peuvent ensuite sécher au soleil dans leur cage.

Les compléments alimentaires

On trouve dans le commerce des compléments de vitamines sous forme liquide (qu'il faut ajouter à l'eau) ou en poudre (que l'on mélange à la pâtée). Les premiers conviennent aux petits granivores ; les seconds sont mieux adaptés aux Perroquets et aux insectivores.
Les principaux compléments de vitamines et sels minéraux sont les suivants (le gravier et l'os de seiche pourraient aussi rentrer dans cette catégorie) :
– sels minéraux ;
– charbon ;
– huile de foie de morue lyophilisée ;
– complément polyvitaminé ;
– complément polyvitaminé spécialement adapté à la période de mue ;
– complément polyvitaminé spécialement adapté à la période de reproduction ;
– complément polyvitaminé spécialement adapté au sevrage des nouveau-nés.

Si l'on considère que l'élevage des oiseaux ne se limite pas à l'éducation des sujets adultes, mais comprend aussi celle des petits ainsi que la reproduction, on admet aisément qu'il s'agit d'une entreprise délicate, qui demande du temps et requiert des connaissances particulières. Certaines espèces sont plus faciles à élever que d'autres. Toutes sont cependant susceptibles d'apporter

Bouvreuil gris

de grandes joies lorsqu'on leur accorde l'attention qui convient.
Regarder grandir un oisillon, assister à son premier envol, le voir devenir adulte et autonome, est une source de satisfaction unique, pour qui sait l'apprécier.
Les photos de la page ci-contre nous présentent un magnifique Loriquet arc-en-ciel, qui est né et a grandi dans l'élevage Luisa d'Alexandrie. Nous pouvons ainsi observer les différentes phases de son développement jusqu'à sa maturité. Sur la dernière photo, prise alors qu'il était adulte, nous le découvrons dans sa volière, en compagnie d'un autre Loriquet.

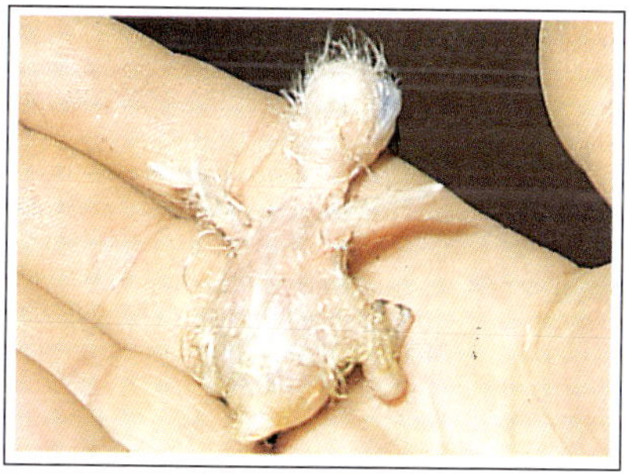

*L'auteur tient dans sa main un Loriquet arc-en-ciel (*Tricoglossus haematodus haematodus*) de 2 jours*

Le Loriquet à 2 semaines

Le Loriquet de 30 jours a désormais son plumage définitif ; nous le voyons ici sur la main de Loredana Ermelindo qui l'a élevé ainsi que beaucoup d'autres petits à l'élevage Luisa

Loriquets arc-en-ciel adultes

Le choix des reproducteurs

Le choix des reproducteurs est essentiel, puisqu'il détermine les résultats de l'élevage. Il est parfois difficile d'identifier le sexe des oiseaux. Certaines espèces présentent un dimorphisme sexuel évident, par exemple le Bouvreuil à tête grise, sympathique Fringillidé. Chez d'autres espèces en revanche, il n'existe pratiquement pas de différences entre le mâle et la femelle. Il faut alors avoir recours à l'observation des comportements ou à l'intervention chirurgicale.
La première technique demande un peu plus de temps et suppose une certaine connaissance de l'espèce observée. Certains comportements sont caractérisques : le sujet qui commence à faire la cour est un mâle, celui qui accepte ses avances est une femelle. Ainsi les Tourterelles chantent et de nombreux mâles Estrildidés sautillent et deviennent agressifs, alors que la femelle se montre soumise. La

Bouvreuil à tête grise (mâle)

APPAREIL REPRODUCTEUR

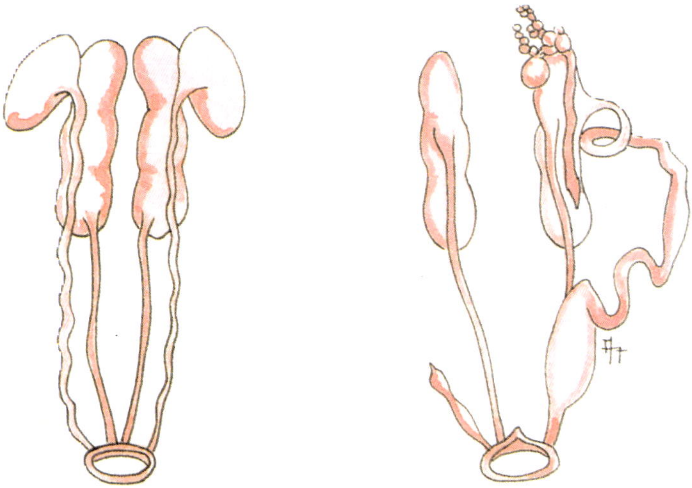

mâle *femelle*

Bouvreuil à tête grise (femelle)

seconde technique est utilisée pour les Perroquets d'un certain prix, pour les petits Perroquets et pour les Mainates religieux. Le vétérinaire effectue l'opération sous anesthésie générale, en endormant l'oiseau grâce à un gaz. Il introduit alors une sonde endoscopique dans le flanc de l'animal jusqu'aux organes sexuels internes, pour observer si l'oiseau présente ou non un ovaire.

Après avoir déterminé le sexe des oiseaux et s'être assuré de leur état de santé, il faut attendre la reproduction. Commence alors une période difficile, mais des plus gratifiantes.

SEXAGE D'UNE AMAZONE

1. Immobilisation correcte du sujet

2. Début de l'anesthésie

3. L'Amazone est assoupie

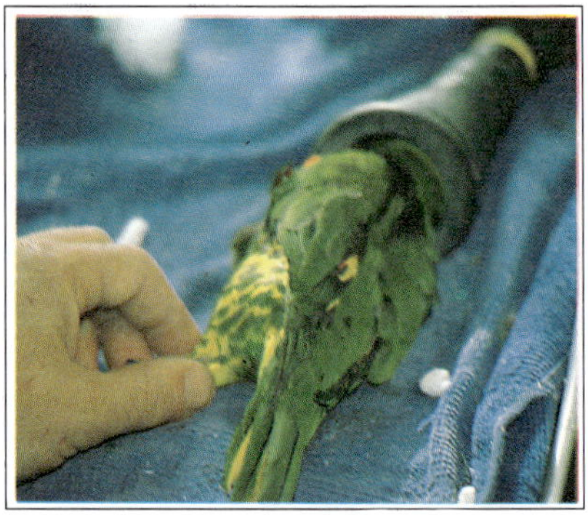

4. L'Amazone s'endort

5. L'Amazone est anesthésiée

6. On prépare l'insertion de la sonde

7. *Insertion de l'endoscope*

8. *L'intervention proprement dite*

9. *Baguage du sujet*

10. *Le sexage est terminé*

11. *Le réveil commence*

12. *L'Amazone est réveillée*

L'habitat destiné à la reproduction

L'habitat destiné à la reproduction doit être choisi avec soin, si l'on veut obtenir de bons résultats.
Les volières doivent offrir les mêmes caractéristiques quelles que soient les espèces qui y vivent. Elles doivent être grandes, posséder une partie bien abritée et proposer un nombre important de nids artificiels. Elles seront placées à un endroit ni trop humide ni trop ensoleillé, et comporteront un grillage ou des barreaux adaptés à l'espèce élevée (il ne faut pas que les petits oiseaux puissent passer la tête entre les barreaux ou les trous du grillage, car ils risqueraient de rester coincés). Elles doivent en outre offrir des « points d'alimentation » (surtout si plusieurs couples sont susceptibles de se reproduire), et être aménagées : il faut, par exemple, y disposer des branches, des brindilles et des plan-

Groupe de Diamants mandarins dans une volière

tes appréciées par l'espèce ou les espèces qui y habitent. Enfin il faut veiller à ce qu'elles ne soient pas surpeuplées. Les oiseaux doivent s'y sentir en sécurité, mais l'éleveur doit pouvoir les surveiller.
Contrairement aux volières, les cages ne sont pas toutes identiques. Nous présenterons donc celles qui conviennent le mieux aux différents groupes que nous avons étudiés dans la première partie de cet ouvrage.

PROPRETÉ ET HYGIÈNE

L'habitat doit toujours être propre, mais il faut veiller à ne pas déranger les oiseaux lorsqu'on nettoie les cages et les volières, qu'il est bon de désinfecter périodiquement pour éliminer les acariens et les poux qui menacent la santé des reproducteurs. Il existe dans le commerce des produits en poudre, en spray ou en solution liquide.

• Granivores de petite taille
Les dimensions de la cage ne doivent pas être inférieures à 40 x 70 x 50 cm. Les barreaux doivent être espacés de telle manière que les petits ne puissent pas passer la tête entre eux. Il faut également prévoir une cloison permettant de séparer le mâle de la femelle ou les parents des petits, un fond amovible, facile à nettoyer, deux petites portes devant, et deux sur les côtés. On y disposera des perchoirs, des mangeoires et au moins deux nids confortables. Il est conseillé d'ajouter des branches et des brindilles où les espèces les plus timides pourront se blottir et se sentir protégées.

• Granivores de taille moyenne
Les dimensions de la cage ne doivent pas être inférieures à 60 x 80 x 70 cm. Les cages ont les mêmes caractéristiques que celles des granivores de petite taille.

• Perroquets de taille moyenne
Les dimensions de la cage ne doivent pas être inférieures à 70 x 90 x 90 cm. Les cages doivent être équipées d'un perchoir central, de quatre mangeoires, d'un abreuvoir et d'un nichoir-boîte. Elles comporteront deux portes et un fond amovible permettant d'assurer une hygiène parfaite.

• Perroquets de grande taille
Les dimensions de la cage ne doivent pas être inférieures à 100 x 150 x 100 cm. La cage doit avoir un fond en grillage : toutes les saletés pourront ainsi être nettoyées fréquemment (le sol au-dessus duquel se trouve la cage doit être souvent désinfecté). La cage sera équipée d'un nichoir-boîte confortable, de deux per-

QUELQUES PRÉCAUTIONS UTILES

Pendant la période de reproduction, un bon éleveur doit prendre certaines précautions. Il doit ainsi :
– veiller à l'hygiène des cages, des volières et des accessoires ;
– déranger les couples le moins possible ;
– préparer une alimentation saine et fraîche, qu'il administrera au fil de la journée en quantités telles que l'oiseau ne puisse laisser de restes : il mangera ainsi tous les éléments constituant la ration, et pas seulement ceux qui lui plaisent le plus ;
– donner de l'eau fraîche en la renouvelant tous les 2 ou 3 jours au moins (on peut éventuellement ajouter à l'eau des compléments vitaminés ou des sels minéraux, que l'on trouve dans le commerce : ils sont spécialement conçus pour les oiseaux et sont délivrés sans ordonnance) ;
– préparer chaque jour de l'eau propre pour le bain ;
– examiner les nids lorsque les reproducteurs s'en sont éloignés, afin de surveiller la ponte des œufs, de contrôler leur couvaison et leur éclosion, et de suivre la croissance des petits ;
– désinfecter l'habitat tous les 7 à 10 jours avec un produit antiparasitaire ;
– éviter que les reproducteurs n'aient plus de couvées qu'il n'est « naturel et normal » pendant une période de reproduction ;
– séparer dès que possible les petits de leurs parents ;
– veiller à ne pas déplacer la cage ou la volière pendant la période de reproduction ;
– éviter de faire cohabiter des espèces qui ne s'entendent pas ;
– aménager l'habitat comme il convient, selon que l'on souhaite faire se reproduire en colonie plusieurs couples de la même espèce ou plusieurs couples d'espèces différentes : il faut ainsi préparer plusieurs nids, prévoir les matériaux destinés à les garnir et installer plusieurs points d'alimentation pour la nourriture et pour l'eau.

Si l'on suit ces conseils et si l'on élève des espèces adaptées aux conditions dont on dispose (région, type d'habitat, temps disponible), on ne peut qu'obtenir d'excellents résultats.

choirs adaptés à l'espèce et de plusieurs mangeoires, disposées de façon à ce que les oiseaux ne puissent y faire leurs besoins. Elle doit avoir deux grandes portes, pour que l'on puisse éventuellement faire sortir les oiseaux.

• Frugivores
Les cages doivent avoir les mêmes caractéristiques que celles des Perroquets de taille moyenne.

• Insectivores
Les dimensions de la cage ne doivent pas être inférieures à 80 x 100 x 70 cm. La cage doit être recouverte de végétation (les Anglais, qui sont les meilleurs éleveurs dans ce domaine, recouvrent de lierre les cages destinées à la reproduction, et y installent d'innombrables branches afin de recréer l'ambiance d'un sous-bois). La cage doit de plus présenter une porte sur le devant, et offrir au moins deux ou trois nids artificiels adaptés à l'espèce élevée. Les mangeoires seront disposées de telle manière que l'on puisse les mettre et les enlever sans déranger les oiseaux.

• Oiseaux terrestres
Les dimensions de la cage ne doivent pas être inférieures à 40 x 60 x 40 cm. La cage doit avoir un rebord de 8 cm de haut au moins, pour éviter que les oiseaux, lorsqu'ils grattent le fond, n'enlève les matériaux qui le tapissent (sable, gravier, tourbe, terre). La cage sera équipée de deux portes, d'un fond amovible permettant de remplacer facilement les matériaux qui le recouvrent, et de trois récipients destinés aux aliments.

La nidification et la couvaison

Lorsque la saison des amours approche, il y a tout lieu de croire que les oiseaux s'accoupleront, s'ils sont confortablement installés dans des cages bien aménagées, et s'ils reçoivent une alimentation saine et complète. Le couple qui désire s'accoupler garnit avec application le nid qu'il a choisi, grâce aux matériaux dont il dispose

PHASES DE L'ACCOUPLEMENT

STRUCTURE GÉNÉRALE DE L'ŒUF

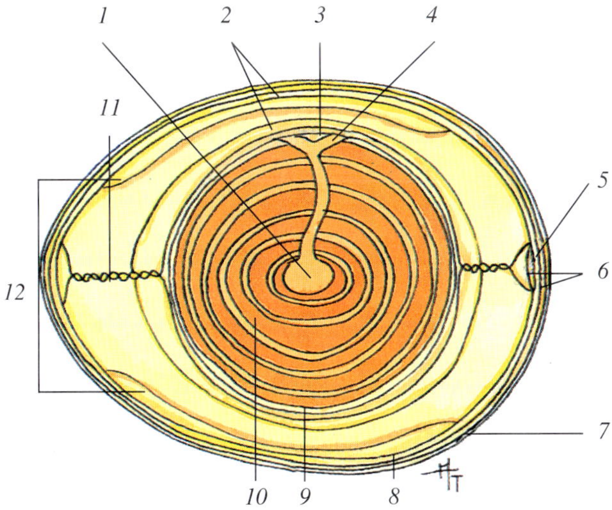

1. latebra ;
2. albumen ;
3. disque germinatif ;
4. noyau de Plander ;
5. chambre à air ;
6. membranes coquillières ;
7. cuticule ;
8. coquille ;
9. membrane vitelline ;
10. jaune ;
11. chalaze;
12. ligamentum albuminis

(sauf les oiseaux terrestres, qui pondent sans faire de véritable nid) ; le mâle chante (plus ou moins bien selon nos goûts et selon l'espèce) et courtise la femelle.
Lorsque le nid est prêt, les oiseaux s'accouplent plusieurs fois par jour pendant 4 à 6 jours selon l'espèce. La ponte des œufs survient 2 jours après le premier accouplement.
Une fois la ponte terminée, la couvaison commence. Dans la plupart des cas, la femelle l'accomplit seule.
Lorsqu'il s'agit d'oiseaux de petite taille, les éleveurs remplacent souvent les véritables œufs par des œufs en plastique, pendant toute la période de la ponte. Ils remettent ensuite tous les œufs dans le nid. Cette opération permet d'éviter que les naissances ne soient trop échelonnées. En effet, la femelle commence à couver avant d'avoir pondu tous les œufs. Les premiers oisillons naissent donc souvent 1 ou 2 jours avant le dernier, qui reste d'ordinaire plus petit : il est alors condamné à mourir ou à mener une vie de privations. Si en revanche on substitue les œufs

Œufs d' Ara ararauna *placés dans une couveuse*

COMMENT MIRER LES ŒUFS

Cette opération, qui est pratiquée après 10 jours de couvaison au moins, permet de vérifier si les œufs contiennent un embryon en développement et s'ils écloront.
On place l'œuf devant une source de lumière : s'il est opaque, la fécondation a eu lieu ; s'il est transparent, il n'éclora pas.

comme nous l'avons expliqué, ils éclosent tous en même temps.
Dans le cas des Perroquets, on fait souvent incuber les œufs dans une couveuse. Les petits sont élevés artificiellement, et la femelle pond fréquemment de nouveaux œufs. Cette pratique permet donc d'obtenir un plus grand nombre de naissance. Il est cependant conseillé de confier au moins une couvée aux parents, pour qu'ils ne perdent pas l'instinct de reproduction.
Lorsqu'on élève des oiseaux terrestres, on est souvent contraint de recourir à la couveuse : il est rare en effet que la femelle couve ses œufs. Les petits sont ensuite élevés dans des cages chauffées : ils sont capables de se nourrir seuls dès leur naissance.

L’éclosion

La couvaison dure plus ou moins longtemps selon les espèces. Lorsqu’elle est terminée, les œufs éclosent. Le petit perce la coquille grâce à la protubérance qu’il a sur le bec. Il l’ouvre ensuite entièrement et vient ainsi au monde. Ce qui survient à l’intérieur d’un nid à ce moment précis remplit tout éleveur (même le plus expérimenté) d’un sentiment qu’il est difficile d’exprimer, mais que l’on comprendra mieux peut-être en regardant la photo ci-contre : on voit en effet, dans ce nid de Diamants mandarins, 2 petits à peine sortis de l’œuf et 3 œufs qui n’ont pas encore éclos. Les Diamants mandarins sont si petits à leur naissance qu’ils ressemblent à un minuscule morceau de coton, comme en témoigne la photo

Au creux de ce nid de Diamants mandarins, on distingue, près de 3 œufs qui vont éclore, les 2 petits qui viennent tout juste de naître

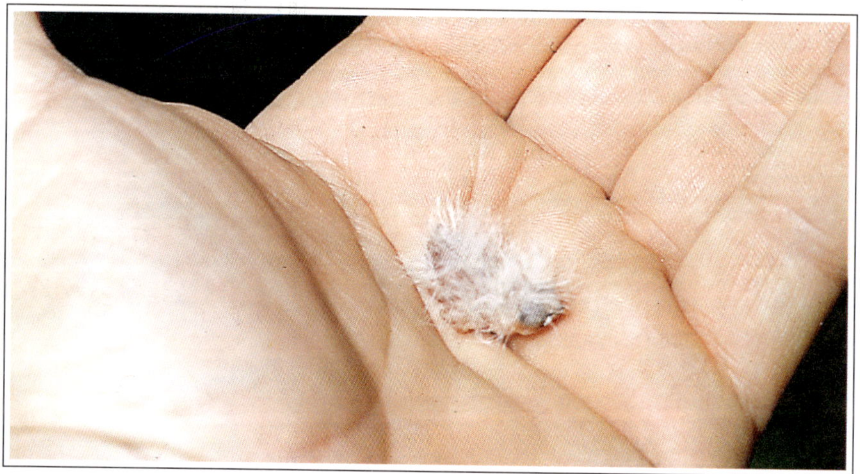

Diamant mandarin de 2 jours dans la main de l'auteur

ci-dessus, où l'on découvre un petit Diamant âgé de 2 jours déjà ! L'éclosion est un moment très délicat, dans un nid comme dans une couveuse : la température doit être constante (elle varie légèrement d'une espèce à l'autre, mais avoisine toujours 38-39 °C) et la coquille doit être légèrement humide, pour que le petit puisse la briser. Il ne faut bien sûr pas déranger la femelle les jours où l'éclosion est prévue, mais on doit profiter des instants où elle s'éloigne du nid pour vérifier que tout pourra se dérouler au mieux. Dès que les petits sont nés, la femelle enlève les coquilles brisées et réchauffe les oisillons qui, pendant toute la période où ils resteront dans le nid, n'auront d'autres préoccupations que de manger et de grandir.

SAVOIR LAISSER FAIRE LA NATURE

Il ne faut pas chercher à aider les oisillons à sortir de l'œuf. Il est en effet très difficile d'y parvenir sans blesser le petit. De plus, tout porte à croire que le petit ne pourra vivre et se développer normalement s'il n'est pas capable de sortir de l'œuf tout seul.

L'élevage naturel (assuré par les oiseaux)

Quelques heures après la naissance ou bien le lendemain, selon les espèces, les parents commencent à donner régulièrement la becquée à leurs petits. Les Psittaciformes (Psittacidés, Loriidés, Cacatuidés) et les Columbidés produisent une substance grasse que l'on appelle « lait de perroquet » (ou « lait de pigeon ») et qui constitue le premier aliment de leurs petits. Ces derniers, comme tous les autres oiseaux, reçoivent ensuite la becquée. Leur nourriture se compose donc d'un mélange d'aliments, qui sont avalés puis régurgités par les parents sous forme de bouillie. Cette bouillie, qui est en quelque sorte prédigérée par les géniteurs, est très digestible. Les petits parviennent ainsi à avaler chaque jour une quantité de nourriture qui, pendant la période de croissance, représente le double de leur

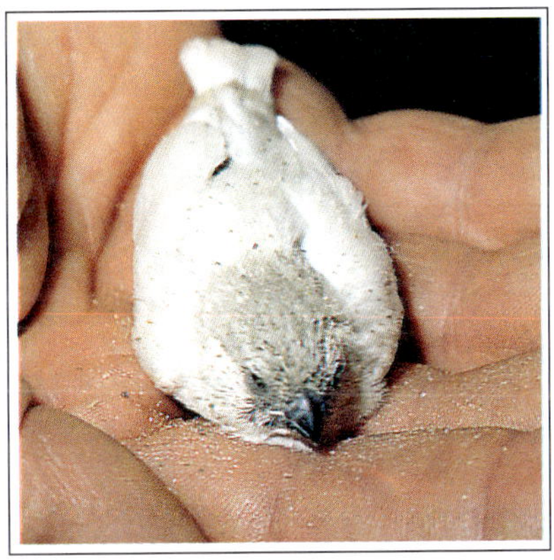

Diamant mandarin de 2 semaines : le plumage est déjà parfait

poids corporel. Les petits passent la première période de leur vie dans le nid : 3 semaines s'il s'agit de petits oiseaux, qui sont indépendants à un mois ; jusqu'à 3 mois dans le cas des Perroquets de grande taille, qui sont autonomes vers 6-7 mois. Les petits se livrent alors à une activité unique : manger. Chaque fois qu'ils le peuvent, ils tendent le cou vers leurs parents et ouvrent grand leur bec pour quémander de la nourriture. Tout au long de cette période, les petits grandissent et leurs selles sont abondantes. Les parents font de leur mieux pour nettoyer le nid, mais il est préférable que l'éleveur le nettoie après chaque couvée ou qu'il le remplace par un nid identique, afin de ne pas perturber les oiseaux. Si l'on choisit de nettoyer le nid au lieu de le remplacer, il est conseillé de le désinfecter avec un produit acaricide. Lorsque les oiseaux garnissent leur nid, on peut remplacer les matériaux utilisés, à condition bien sûr de ne pas déranger les petits. On obtient ainsi une hygiène plus grande et on combat plus efficacement les acariens, dont la présence est toujours préoccupante. Un éleveur attentif remarquera bien vite que les premières couvées sont toujours celles qui donnent les meilleurs résultats. La raison en est simple : la phase de reproduction et la ponte des œufs ne posent pas de problème particulier aux reproducteurs, qui ressentent en revanche fatigue et stress lorsqu'ils doivent élever les petits. Ils abordent ainsi la première couvée en pleine forme ; mais la deuxième constitue une charge supplémentaire et la troisième est encore plus épuisante. Pour aider les oiseaux dans cette phase critique, on peut compléter leur alimentation habituelle avec :

– des vitamines C et E ;
– des compléments polyvitaminés pour la phase d'élevage ;
– des sels minéraux en poudre ;
– un complément protidique que l'on ajoute à la pâtée.

On trouve dans le commerce divers produits spécialement conçus, dont certains sont hydrosolubles et d'autres se mélangent aux aliments. Plusieurs problèmes peuvent se présenter pendant l'élevage, lorsque les petits sont encore au nid. Examinons-les de manière synthétique.

LE BAGUAGE DES PETITS

Beaucoup d'éleveurs baguent les petits de leur élevage. L'anneau, qui est différent selon les espèces, porte le sigle de la FFO (Fédération française d'ornithologie), l'année de naissance et un numéro. Il doit être passé à la patte de l'oiseau quand il est tout jeune : ses doigts se plient alors facilement. À mesure que la patte grossira, il sera impossible de retirer l'anneau sans le couper. Ainsi l'oiseau aura toujours sur lui sa « carte d'identité ». Pour de plus amples informations, contactez la FFO, 1, lotissement des Roussières, Route de Saint-Jean-de-Monts, 85550 La Barre-de-Monts (Tél. : 02 51 68 56 23).

Les parents (en particulier les mâles) tuent leur progéniture
Cause : alimentation trop riche.
Remèdes : éloigner le mâle, élever les petits artificiellement et préparer le couple à une nouvelle couvée, en augmentant les aliments frais et en diminuant les aliments secs ou particulièrement riches en protéines.

La femelle pond des œufs avec une coquille très fine ou sans coquille
Cause : carence en calcium.
Remèdes : ajouter du calcium et des sels minéraux à l'alimentation normale ; si le phénomène persiste, remplacer la femelle et la laisser se reposer pendant toute la période de reproduction.

Le couple couve irrégulièrement, s'envole sans cesse hors du nid et recherche de l'eau où se baigner
Causes : si le phénomène s'accompagne de selles abondantes et liquides, il s'agit d'une forme de diarrhée ; si en revanche les selles sont normales, il y a sans doute de nombreux poux et acariens dans le nid.
Remèdes : dans le premier cas, éviter les aliments susceptibles de provoquer la diarrhée (pomme, poire, laitue) ainsi que les aliments souillés ou avariés (légumes et fruits non lavés, graines pourries, etc.) ; mettre également dans l'eau de boisson un médicament adapté ou simplement quelques gouttes de citron. Dans le second cas, vaporiser un produit antiparasitaire dans le nid.

Mort des oisillons le jabot plein
Causes : coup de froid ou alimentation trop sèche et carence en vitamines.
Remèdes : à l'extérieur, on ne peut rien contre les coups de froid et les caprices du temps ; à la maison, veiller à ce que la température soit la plus constante possible. Pour éviter que la nourriture ne soit à l'origine de ce problème, ajouter des fruits et des légumes à l'alimentation sèche normale, et administrer un complément vitaminé.

Le couple ou l'un des parents mange les œufs
Cause : carence en calcium.
Remèdes : ajouter du calcium et des sels minéraux à l'alimentation normale. Manger les œufs peut aussi devenir une habitude, particulièrement grave si les sujets sont élevés en colonie : d'autres oiseaux peuvent en effet faire de même. Il est donc conseillé d'isoler les sujets suspects.

Tous les petits ne reçoivent pas la becquée
Causes : la couvée est trop importante pour que les parents s'en occupent ; l'éclosion des œufs a été trop rapprochée ; l'alimentation est insuffisante, quantitativement et qualitativement.

Remèdes : tout d'abord, administrer un régime riche et varié. On peut aussi aider les parents à donner la becquée aux oisillons les plus faibles : certains spécialistes conseillent d'alimenter tous les petits, de manière à aider le plus possible les parents ; d'autres recommandent de nourrir uniquement les petits qui en ont vraiment besoin, pour éviter que les parents n'arrêtent de donner la becquée ; d'autres enfin préconisent de nourrir les petits les plus robustes, pour que les parents nourrissent les plus faibles et s'habituent à s'occuper de toute leur progéniture. Quelle que soit la méthode choisie, l'alimentation artificielle ne se justifie que temporairement : elle doit cesser lorsque les parents n'éprouvent plus de difficulté à nourrir leurs petits. On peut aussi retirer du nid les petits les plus faibles et les élever artificiellement, ou les faire adopter par d'autres couples, dont les petits sont peu nombreux et d'âges différents.

Blessure et abrasion des oisillons
Cause : croissance irrégulière des ongles de la femelle en raison d'une carence en calcium et en vitamines.
Remèdes : couper aux ciseaux les ongles de la femelle ; ajouter du calcium et des vitamines à l'alimentation ; badigeonner les plaies de teinture d'iode si elles sont sanguinolentes, et seulement dans ce cas.

Croissance lente et difficile des petits
Causes : mauvaise alimentation, carence en vitamines et protéines.
Remèdes : donner une alimentation équilibrée, riche en vitamines et protéines ; éventuellement, ajouter des vitamines (A, B, C, D) à l'eau de boisson et mélanger un œuf dur émietté à la pâtée.

Ces problèmes peuvent survenir pendant l'élevage de tous les oiseaux que nous avons étudiés dans cet ouvrage, exception faite des oiseaux terrestres. Leurs petits sont en effet capables de se débrouiller par eux-mêmes dès leur naissance : ils ne reçoivent donc pas la becquée. Lorsqu'une femelle de Caille, de Colin ou de Perdrix couve ses œufs toute seule – ce qui est rare mais peut néanmoins arriver – il faut éloigner le mâle et les autres femelles, pour éviter qu'ils ne la dérangent. Dès que les œufs éclosent, la mère défend ses petits ; elle les réchauffe et en prend soin pendant toute la période de croissance. Dans la plupart des cas cependant, l'éleveur retire les œufs du nid pour les faire éclore dans une couveuse ou les confier à une nourrice (de préférence une poule américaine ou indienne de petite taille, afin que les œufs ne se brisent pas). Dans le premier cas, on utilise une cage d'élevage chauffée ; dans le second, la nourrice remplace la mère naturelle.

L'élevage artificiel (mené par l'éleveur)

Comme nous l'avons vu, la couvaison peut être menée :
– par la mère qui réchauffe les œufs, les retourne et, si nécessaire, les humidifie en revenant couver juste après s'être baignée ;
– dans une couveuse où la température doit être de 38-39 °C et le taux d'humidité de 60 à 70 %.

La température étant constante dans une couveuse, les œufs éclosent généralement un jour plus tôt que s'ils étaient couvés par la mère dans un nid.
Les petits qui seront élevés artificiellement doivent être placés dans des nids artificiels dès leur naissance. Selon l'espèce, ces nids accueilleront plusieurs petits (oiseaux de petite taille qui grandissent normalement dans un nid avec leurs frères) ou un seul (Perroquets de grande taille). Dans le premier cas, le nid sera constitué d'un récipient où l'on placera un linge, qui sera changé dès qu'il sera sale. Dans le second cas, on utilisera un panier ou une cuvette en plastique que l'on remplira de papier d'emballage (ou de papier journal) : ce papier devra être changé tous les jours, pour garantir une hygiène satisfaisante. Les nids seront placés sous une source de chaleur (une lampe, par exemple) de manière que la température se maintienne entre 32 et 36 °C.
La fréquence de la becquée varie d'une espèce à l'autre et d'une période à l'autre. Les premiers jours, on donne la becquée toutes les heures environ, grâce à une seringue ou des cathéters de dimensions adaptées. Au bout d'une semaine, les becquées seront

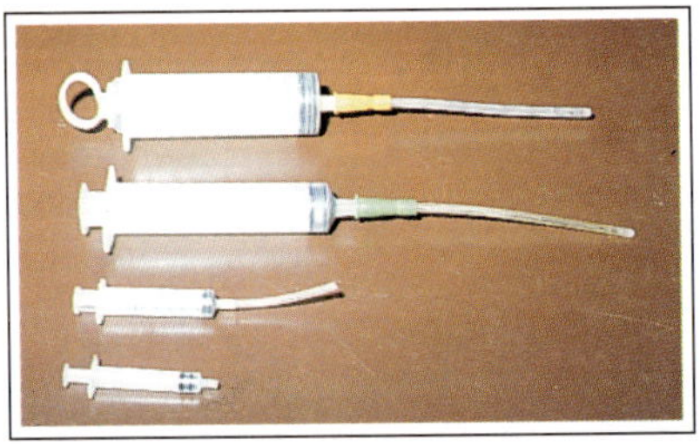

Seringues et cathéters nécessaires à la becquée de perroquets élevés artificiellement

espacées de 2 heures environ. Les petits qui commencent à avoir des plumes dès la troisième semaine (oiseaux de petite taille) ne reçoivent qu'une becquée toutes les 3 heures. Les petits des Perroquets ont une période de développement plus longue : on leur donne donc progressivement une becquée toutes les 3 heures, puis une becquée toutes les 4 heures à l'âge de 3 mois. La becquée ne doit jamais remplir le jabot du petit exagérément. Il vaut donc mieux augmenter le nombre de becquées quotidiennes afin d'administrer peu de nourriture à la fois, mais on ne doit cependant pas donner une becquée avant que la précédente ait été digérée. Si l'on ne veut pas surveiller l'heure, on peut suivre quelques règles de bons sens :
– attendre que le jabot soit vide pour donner la becquée ;
– donner une nourriture plus ou moins crémeuse selon le stade de développement de l'oisillon ;
– maintenir l'oisillon à une température comprise entre 32 et 36 °C ;
– vérifier que la température de la bouillie est de 35 à 45 °C : au-delà de 50 °C, elle brûle le jabot de l'oisillon, ce qui peut lui être fatal ;
– veiller à ce que le petit vive dans un environnement sain et propre ;
– s'assurer que ses selles sont régulières, qu'elles ne sont ni trop sèches ni trop liquides.

Si l'éleveur a bien « travaillé », le petit se développera normalement. En revanche, le petit aura une croissance difficile ou mourra si l'éleveur a fait une erreur : seul un petit pourcentage de mortalité peut en effet être considéré comme normal et naturel. Les documents présentés ci-après nous permettent de décou-

*Perroquet gris (*Psittacus erithacus erithacus*) de l'élevage Luisa photographié à l'âge de 40 jours : le plumage commence à apparaître sur les ailes*

vrir un Perroquet gris, élevé avec science dans l'élevage Luisa d'Alexandrie : la croissance du sujet a été optimale, comme le montrent ces photos prises à trois périodes différentes. L'élevage artificiel demande beaucoup d'attention : il faut en particulier choisir avec soin l'alimentation de base que l'on administre à chaque becquée.

À 55 jours, les ailes du Perroquet gris sont désormais garnies de plumes et l'on aperçoit une zone rouge sur la queue

À 70 jours, le Perroquet gris porte son plumage définitif

PROBLÈMES DE CROISSANCE ET MORTALITÉ

Deux problèmes d'origine alimentaire peuvent entraîner la mort de l'oisillon ou une croissance lente et difficile : une carence en vitamines et l'administration d'une alimentation trop liquide ou avariée. Les symptômes sont les suivants : le sujet est faible, son jabot est rempli d'air, son ventre est tuméfié et il a la diarrhée. Le traitement consiste à administrer une bouillie plus solide (crémeuse et homogène), plus saine, enrichie en vitamines A, B, C et en sels minéraux.

Nous n'avons pas la prétention ici d'énumérer des règles à suivre scrupuleusement. Nous nous contenterons d'exposer ce que l'expérience nous a enseigné au fil des années et ce que nous avons appris de nombreux éleveurs : nous présenterons ainsi des régimes qui ont donné d'excellents résultats. Vous trouverez à la page suivante la composition

de la bouillie idéale des petits granivores, de la naissance au sevrage.
L'éleveur peut éventuellement apporter des modifications suivant sa sensibilité et le développement des oisillons. La consistance de la bouillie peut aussi varier légèrement : elle doit être plus liquide les premiers jours et plus solide à mesure que l'oisillon grandit.
Nous présentons également dans le tableau ci-contre deux bouillies qui ont donné de bons résultats avec des insectivores. Là encore, l'éleveur peut éventuellement apporter quelques modifications. Nous étudierons un peu plus loin l'élevage artificiel des Perroquets de moyenne et grande taille (Psittacidés, Cacatuidés et Loriidés) : il revêt une importance particulière qui justifie une étude plus approfondie.

BOUILLIE
DES GRANIVORES
JUSQU'AU SEVRAGE

Consistance à peine crémeuse ou proche du yaourt :
– 50 % d'eau dans laquelle on ajoute une cuillerée à café de miel ;
– 35 % de pâtée à l'œuf ;
– 5 % de pâtée pour insectivores ;
– 5 % de carottes râpées ;
– 5 % de chicorée ou de mouron hachés.

BOUILLIE
POUR INSECTIVORES
JUSQU'AU SEVRAGE

Consistance crémeuse ou légèrement plus dense (température de 35 °C) :
– 45 % d'eau ;
– 45 % de pâtée pour insectivores ;
– 5 % de fruits mixés ;
– 5 % de carottes râpées.
Carmelo Ermelindo a expérimenté la recette suivante à l'élevage Luisa d'Alexandrie :
– 3/5 de nourriture pour oisillons « Première période » ;
– 1/5 de biscuits pour insectivores, émiettés ;
– 1/5 de vers de farine cuits 20 minutes à l'eau bouillante (ou un œuf dur émietté, coquille et intérieur figurant en parts égales) ;
– sels minéraux et vitamines ;
– eau, de manière à obtenir une consistance crémeuse homogène.

LE SEVRAGE
DES NOUVEAU-NÉS

Que les petits aient été élevés par leurs parents ou artificiellement par l'éleveur, il est conseillé, lorsqu'ils sont autonomes, de les séparer de leurs géniteurs et de les mettre dans

*Jeunes Loris (*Lorius garrulus*) dans une volière*

une cage où vivent d'autres jeunes oiseaux. Ils pourront ainsi continuer à se développer pendant tout le temps nécessaire (variable selon l'espèce). Entre le moment où l'oiseau est indépendant et celui où il est adulte (et capable de se reproduire), il peut s'écouler un temps plus ou moins long : 5 à 6 mois pour certains Estrildidés ; 5 à 6 ans pour certains grands Perroquets. Pendant toute cette période, les petits doivent recevoir une alimentation saine et complète, comportant si possible des compléments qui favorisent la croissance et le développement ; ils doivent de plus disposer d'un habitat spacieux et jouir de la compagnie d'oiseaux de la même espèce.

L'élevage artificiel des Perroquets

L'élevage artificiel revêt une importance toute particulière en ce qui concerne les Perroquets, et ce pour plusieurs raisons : les Perroquets se reproduisent difficilement en captivité (surtout s'ils sont de grande taille) ; les reproducteurs coûtent cher ; enfin les petits de Perroquets sont particulièrement recherchés sur le marché. Les Psittacidés de grande taille, comme les Aras, les Amazones et les Perroquets gris, ont des exigences et des habitudes alimentaires tout à fait identiques, et l'on pourrait en dire autant des grands Cacatoès blancs. Les Loriidés ont quant à eux des exigences différentes (voir page 133). Quoique plus prolifiques, ils sont aussi élevés artificiellement.
L'élevage artificiel présente deux avantages :
– les reproducteurs sont moins exploités (ils ont davantage d'œufs mais n'élèvent qu'une couvée) ;
– le nombre des sujets que l'on élève augmente.

On s'accorde pour dire que les exigences alimentaires d'un Perroquet en pleine croissance sont identiques quelle que soit l'espèce. Elles peuvent se résumer ainsi :
– 15 % de la ration doit être constituée de protéines, provenant de viande lyophilisée, de céréales en poudre, d'homogénéisés pour enfants, d'œufs, etc. ;
– 20 % de la ration doit être constituée de fruits frais et de légumes râpés ou passés au mixeur ;
– les graisses ne doivent pas excéder 13 % de la ration : elles peuvent provenir d'œuf dur ou de graines oléagineuses en poudre ;

– la ration doit être enrichie de compléments vitaminés apportant surtout des vitamines A, B et C et des sels minéraux ;
– il faut enfin ajouter de l'eau additionnée d'un peu de miel jusqu'à ce que la pâtée ait la consistance souhaitée.

Le tableau ci-dessous présente la bouillie que l'on donne les premiers jours aux Psittacidés et aux Cacatuidés à l'élevage Luisa. Cette recette a permis d'obtenir d'excellents résultats. Les photos présentées sur cette page et sur la page suivante nous permettent de découvrir le développement d'un beau Cacatoès soufré à huppe orange, de sa naissance à l'âge de 40 jours. Il a alors déjà, à quelques différences près, l'aspect qui sera le sien à l'âge adulte.

BOUILLIE DES PREMIERS JOURS

Consistance du yaourt ou légèrement plus liquide, homogène et sans grumeaux :
– 50 % d'eau avec une cuillerée à soupe de miel ;
– 20 % de mélange de céréales en poudre ;
– 20 % de fruits frais (pomme, papaye, banane, kiwi) passés au mixeur ;
– 8 % de carottes râpées ;
– 2 % de compléments de vitamines et sels minéraux.

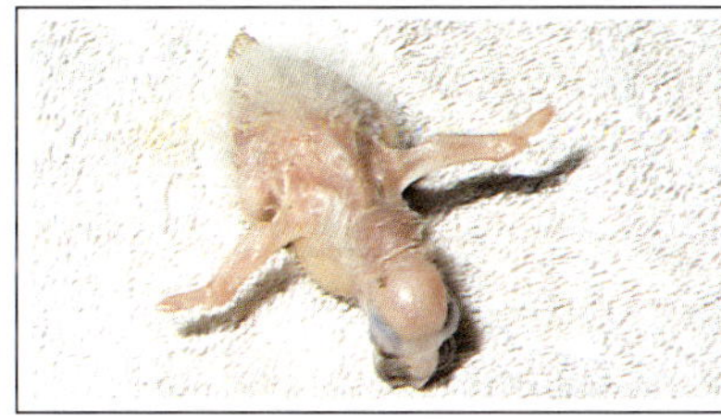

*Oisillon de Cacatoès soufré à huppe orange (*Cacatua sulphurea citrinocristata*) qui vient de naître à l'élevage Luisa*

Le petit Cacatoès à 7 jours : il attend la becquée que lui donnera l'éleveur avec une petite seringue privée de son aiguille

Le petit Cacatoès à 14 jours : il vient de recevoir la becquée et son gosier est plein

Le Cacatoès est dans son nid artificiel : il a 25 jours et l'on remarque désormais sa huppe érectile

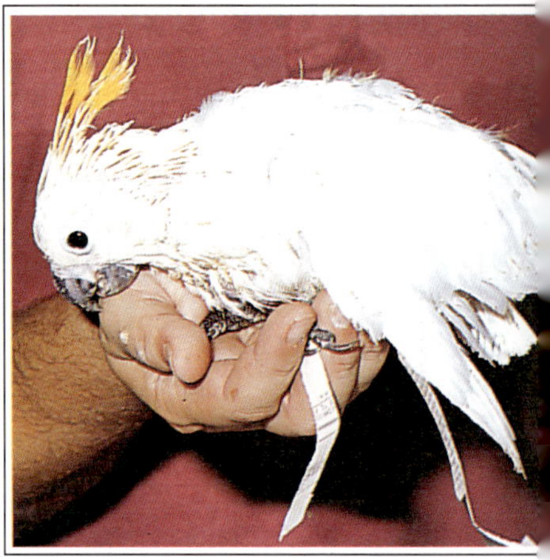

L'auteur tient dans sa main le Cacatoès qui a maintenant 40 jours : son plumage est complet et l'oiseau est en pleine forme

Les Cacatoès que nous voyons sur la photo en bas à droite, sont les parents de l'oisillon dont nous avons observé le développement sur les photos précédentes. Le tableau de la page suivante présente la bouillie conseillée pour les Psittacidés et les Cacatuidés à partir de la quatrième semaine, et ce jusqu'au sevrage. À mesure que l'oisillon grandit, on peut ajouter à son régime de petits morceaux d'aliments solides proposés à part

Le couple de Cacatoès qui a reproduit dans le cadre de l'élevage Luisa : le cacatoès dont on a suivi la croissance est un petit de ce couple

BOUILLIE À PARTIR DE LA QUATRIÈME SEMAINE

Consistance crémeuse, homogène et sans grumeaux :
– 40 % d'eau avec une cuillerée à soupe de miel ;
– 20 % de mélange de céréales en poudre ;
– 20 % de fruits frais (pomme, papaye, banane, kiwi) passés au mixeur ;
– 10 % de graines mélangées, décortiquées et cuites ;
– 8 % de carottes râpées ;
– 2 % de compléments de vitamines et sels minéraux.

(fruits, carotte, gâteau de temps en temps...). La ration doit cependant être crémeuse jusqu'à la fin du sevrage. Les photos ci-contre à droite et page suivante présentent les phases de développement d'un *Ara ararauna*, de l'âge de 40 jours au septième mois, date à laquelle il doit être sevré. Les photos montrent aussi comment procéder à la becquée : on peut utiliser un cathéter ou une seringue, mais certains éleveurs conseillent, lorsque les petits sont un peu plus grands, d'utiliser une cuillère ; on peut ainsi commencer à mélanger à la bouillie crémeuse des morceaux solides, ce qui habitue graduellement le petit à la nourriture de l'adulte.

*Deux oisillons d'*Ara ararauna *de 40 jours sont dans leur nid artificiel : une bassine de plastique remplie de bandelettes de papier*

Le petit Ara ararauna *à 60 jours dans le nid artificiel*

L'éleveur nourrit, à l'aide d'un cathéter, le jeune Ara de 4 mois

Vers 7 mois, notre Ara, qui commence déjà à manger seul, reçoit encore quelques becquées de son éleveur

Après la becquée, l'éleveur retire lentement le cathéter du gosier du jeune Ara

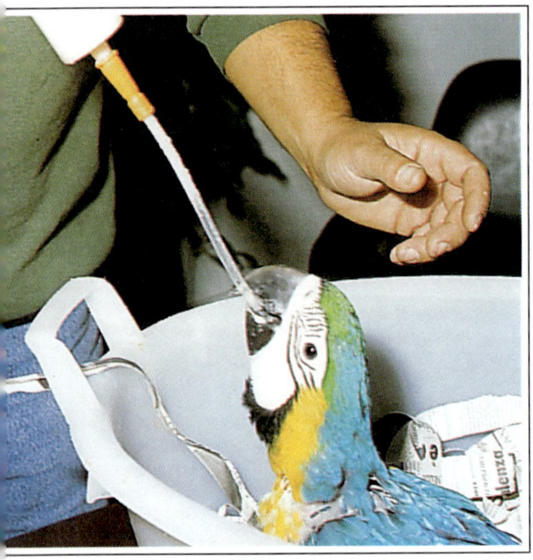

LE PÉCHÉ MIGNON DES ARAS

Pendant toute la période où l'on alimente les Perroquets artificiellement, on peut établir avec eux un rapport affectif très étroit. Conquérir la sympathie d'un jeune Ara est d'ailleurs un jeu d'enfant : il suffit de lui offrir des petits morceaux de tarte, de brioche ou de tout autre gâteau. Les Aras sont en effet extrêmement gourmands.

Les tableaux de la page suivante présentent deux bouillies destinées aux Loriidés : celle des premiers

BOUILLIE DES PREMIERS JOURS POUR LES LORIIDÉS

Consistance légèrement plus liquide que du yaourt, homogène et sans grumeaux :
– 40 % d'eau ;
– 25 % de fruits frais passés au mixeur ;
– 15 % de miel ;
– 10 % de mélange de céréales en poudre ;
– 8 % de carottes râpées ;
– 2 % de compléments de vitamines et sels minéraux.

BOUILLIE POUR LES LORIIDÉS À PARTIR DE LA QUATRIÈME SEMAINE

Consistance du yaourt, homogène et sans grumeaux :
– 40 % d'eau ;
– 30 % de fruits frais passés au mixeur ;
– 10 % de miel ;
– 10 % de mélange de céréales en poudre ;
– 8 % de carottes râpées ;
– 2 % de compléments de vitamines et sels minéraux.

jours et celle qui est conseillée de la quatrième semaine au sevrage. Ces recettes ont donné d'excellents résultats, comme en témoignent les photos présentées sur cette page et sur la page suivante, où l'on peut suivre le développement d'un magnifique Lori rouge.

*Oisillon de Lori rouge (*Eos bornea bornea*) de 3 jours*

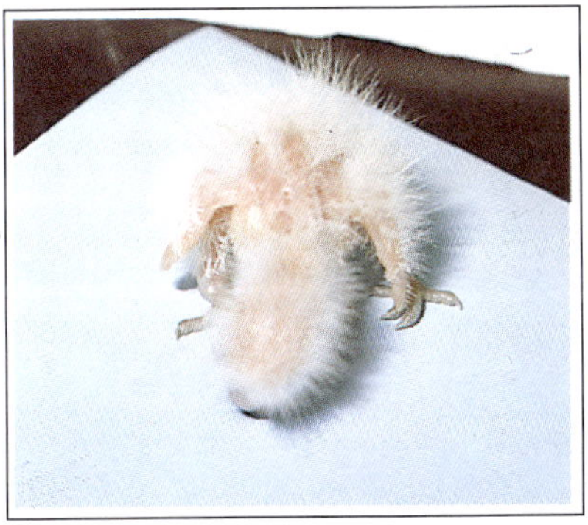

Ce même Lori à 10 jours, élevé artificiellement à l'élevage Luisa : on voit ici comment lui donner la becquée

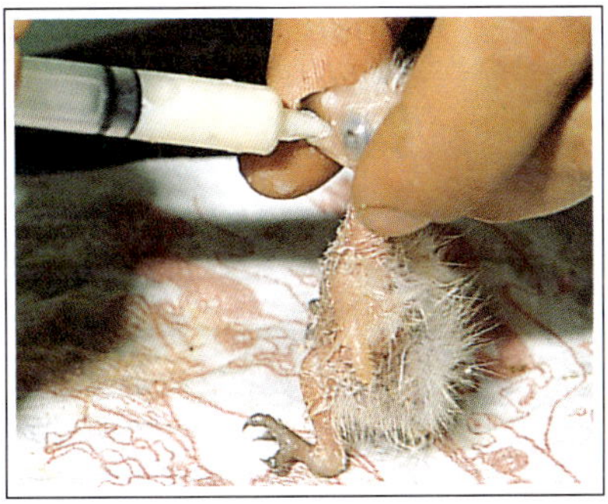

Notre Lori à 18 jours grandit bien

Le Lori à 25 jours : il peut désormais se dresser sur ses pattes et tendre le cou sans perdre l'équilibre

À 45 jours, la coloration du Lori commence à être visible

Le Lori à 60 jours : il a désormais un plumage bien coloré

Le Lori, qui a maintenant 70 jours, joue sur le bras de son éleveur

L'oiseau est désormais adulte, mais il aime toujours autant le jeu

L'habitat et les accessoires

D'une manière générale, plus les cages et les volières sont spacieuses, plus les oiseaux sont à leur aise.
Elles doivent avoir les caractéristiques suivantes :
– dimensions minimales : 30 x 40 x 50 cm ;
– fond amovible, facile à nettoyer ;
– deux petites portes devant et deux sur les côtés ;
– des barreaux dont l'espacement ne permette pas aux petits oiseaux de passer la tête.

Les petites volières doivent avoir les caractéristiques suivantes :
– dimensions minimales : 70 x 100 x 70 cm ;
– fond démontable et amovible ;
– petites portes aux dimensions adéquates ;

Diamants mandarins dans une volière

PERCHOIRS

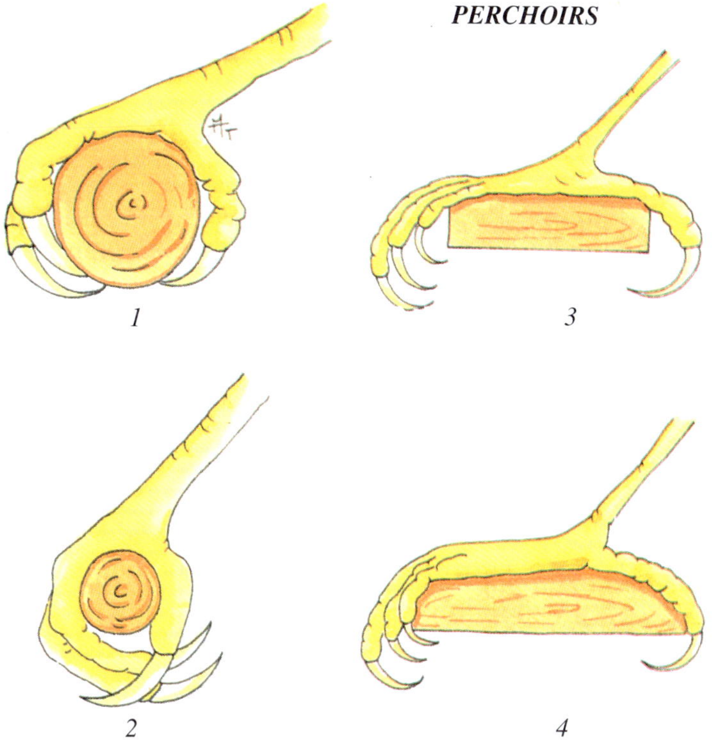

Deux perchoirs corrects (1 et 4) et deux perchoirs à proscrire (2 et 3). Les perchoirs de type 1 permettent à l'oiseau une prise plus sûre.

– une ou plusieurs cloisons ;
– des barreaux dont l'espacement ne permette pas aux petits oiseaux de passer la tête.

Les volières d'extérieur doivent avoir les caractéristiques suivantes :
– dimensions supérieures à 1,50 x 2 x 2 m ;
– une entrée commode ;
– un toit protégeant les oiseaux des intempéries ;
– un grillage ou des barreaux adéquats.

Quelle que soit la taille des oiseaux qu'elles abritent, les cages et les volières doivent être équipées de certains accessoires :
– mangeoires ;
– abreuvoirs ;
– baignoires ;
– nids (adaptés à l'espèce) ;
– perchoirs (voir encadré).

Petite volière d'intérieur abritant des Canaris rouge orangé

LES EMPLACEMENTS À PROSCRIRE

Tous les oiseaux, à quelques exceptions près, craignent les courants d'air, les changements de température et l'humidité. Il faut donc éviter de placer les cages et les volières dans la cuisine, dans la salle de bains ou dans les parties du jardin les plus exposées aux courants d'air.

Les soins quotidiens

Les oiseaux doivent faire l'objet de soins quotidiens, ou du moins périodiques. On doit ainsi, chaque jour :

– remplacer l'eau de boisson et l'eau du bain ;
– contrôler et éventuellement remplacer les aliments de base ;
– remplacer les aliments frais, comme les fruits et les légumes.

Toutes les semaines, on doit :

– nettoyer le fond de la cage ;
– laver les mangeoires et les abreuvoirs ;
– remplacer le gravier et l'os de seiche ;
– traiter l'habitat, préventivement, contre les poux et les acariens.

Si nécessaire, on peut aussi administrer :

– des compléments vitaminés ;
– des sels minéraux et des compléments alimentaires ;

LE PÉCHÉ MIGNON DES PERROQUETS

Les dattes permettent à l'éleveur d'instaurer une grande complicité avec ses Perroquets. Ces oiseaux en sont friands et vous les convaincrez facilement de s'approcher de vous, si vous tenez un morceau de datte entre vos doigts.

Capucin à tête noire sur un croissant

– des vermifuges (un traitement préventif s'impose au printemps) ;
– des médicaments.

Enfin, il ne faut pas oublier que les oiseaux souffrent de l'isolement. Ils ont besoin de jouer un peu avec l'homme, surtout s'ils se laissent facilement domestiquer.

TROISIÈME PARTIE

LES MALADIES

Les symptômes généraux

Il est toujours plus facile de prévenir une maladie que de la soigner. Il est donc conseillé de respecter quelques règles fondamentales et d'offrir à l'oiseau :
- un environnement sain ;
- une cage adaptée à son espèce ;
- un habitat et des accessoires propres ;
- une alimentation convenable.

Quelles que soient les attentions qu'on lui prodigue, il arrive malheureusement qu'un oiseau tombe malade. On peut bien sûr consulter un vétérinaire, mais il est difficile de trouver un praticien qui soigne les oiseaux. Il vaut donc mieux s'adresser à un éleveur spécialisé ou à un importateur, dont l'expérience sera précieuse. Quoi qu'il en soit, il est essentiel de prendre rapidement conscience du malaise de l'oiseau et de faire un premier diagnostic. Il est d'ailleurs facile, en observant son comportement, de savoir s'il est en bonne ou en mauvaise santé.

Le sujet est sain si :
- son plumage est brillant, compact, et adhère bien au corps (sauf dans la période de mue, où il est opaque et incomplet) ;
- il est vif avec des mouvements coordonnés ;
- son regard est attentif, et sa tête toujours en mouvement ;
- sa respiration est régulière et silencieuse lorsque son bec est fermé ;
- ses selles ont une consistance normale, et il n'a pas de mal à évacuer ;
- ses pattes sont propres et ne portent pas de squames ;

Bouvreuil à tête grise en piètre forme physique : nous le voyons ici prostré au fond de sa cage

– son bec est dur, et ses mandibules se superposent parfaitement (sauf dans le cas des becs-croisés, Fringillidés dont les mandibules sont croisées afin d'exercer une fonction bien précise, et non par déformation) ;
– sa poitrine est bien en chair.

Le sujet est malade si :
– ses plumes sont ébouriffées ;
– il manque de vitalité ;
– il a très soif ;
– ses ailes sont tombantes, et son manteau est terne ;
– sa respiration est haletante, et il tient le bec ouvert ;
– ses yeux sont chassieux ;
– ses pattes portent des squames, et ses doigts sont rougis et gonflés ;
– il perd ses pennes et ses plumes de façon anormale ;
– il maigrit rapidement ;
– sa queue a des mouvements saccadés lorsqu'il défèque ;
– il a la diarrhée, et les excréments salissent les plumes autour du cloaque ;
– il éprouve des difficultés à voler ;
– son ventre est gonflé et rougi ;

– ses narines coulent ;
– il met la tête sous une aile, se blottit dans un coin de sa cage et ne va pas sur le perchoir (il est possible, dans ce cas, qu'il ait simplement sommeil).

S'il est essentiel de s'apercevoir que l'oiseau ne va pas bien, il est tout aussi important de comprendre les troubles dont il souffre pour pouvoir le guérir. Nous étudierons donc, dans les chapitres suivants, les maladies dues à des carences alimentaires, les maladies des oisillons, et les principales maladies des sujets adultes.

Les maladies dues à des carences alimentaires

Il s'agit de maladies qu'un bon éleveur peut prévenir aisément. Pour cela, le régime alimentaire de l'oiseau doit répondre à certaines exigences. Il doit notamment :

– être complet du point de vue nutritionnel ;

– être varié ;

– présenter un juste équilibre entre aliments secs et aliments frais ;

– comprendre des aliments intégrés, des compléments vitaminés et des sels minéraux (en justes proportions).

Examinons à présent quelles sont ces maladies.

Anémie

Symptômes : l'oiseau est maigre, son bec et ses pattes perdent leur couleur.

Cause : régime alimentaire déséquilibré, qui entraîne une diminution du nombre des globules rouges et à terme la mort de l'animal.

Prévention : alimentation saine, complète et variée, correspondant aux besoins du sujet.

Traitement : administrer de fortes doses de vitamine B dans l'eau de boisson et un complément vitaminé dans la pâtée. Des légumes frais et des épis de graminées encore verts peuvent aussi aider le sujet à guérir.

Cloacite

Symptômes : l'inflammation du cloaque est une affection qui frappe davantage les femelles que les mâles. Les symptômes les plus évidents sont les suivants : difficulté à évacuer, abdomen gonflé, cloaque rougi.

Causes : difficultés d'adaptation, changements d'alimentation trop

brusques. Cette maladie peut aussi être provoquée par la ponte des œufs (ou la difficulté à les pondre).
Prévention : un environnement sain, une alimentation variée et complète, ainsi qu'une vie reproductive normale permettent d'éviter l'apparition de cette affection.
Traitement : une alimentation variée et riche en aliments frais, la toilette régulière des régions proches du cloaque et l'utilisation d'une pommade (à base d'oxyde de zinc) sur les parties enflammées, permettent de résoudre le problème.

Constipation
Symptômes : difficultés à évacuer ; ventre gonflé ; cloaque rougi. L'oiseau donne sans cesse de petits coups vers le bas avec sa queue, de manière à expulser les selles qui sont peu abondantes et visqueuses.
Causes : alimentation trop astringente, sèche et peu variée ; brusques changements de température.
Prévention : veiller à la propreté de l'habitat ; administrer une alimentation saine, comprenant légumes et fruits frais ; éviter les changements de température, les courants d'air et l'humidité excessive.
Traitement : corriger l'alimentation. Elle doit être très variée, riche en aliments frais et comporter des fibres cellulosiques qui régularisent le transit intestinal. On peut aussi administrer à part du charbon végétal et de l'huile de foie de morue lyophilisés.

Croissance anormale du bec et des ongles
Symptômes : bec dont la mandibule supérieure est plus longue que la mandibule inférieure (la partie qui dépasse est exsangue et transparente) ; ongles longs, souvent recourbés, exsangues dans leur partie terminale.
Causes : alimentation incomplète ; carence en sels minéraux ; grand âge du sujet.
Prévention : proposer une alimentation variée et complète ; donner du gravier en abondance et de l'os de seiche à volonté ; administrer périodiquement des sels minéraux.
Traitement : élimination de la partie excédentaire du bec et des ongles, avec une petite lime dans le premier cas, une paire de ciseaux dans le deuxième. C'est une opération délicate qu'il est conseillé de réaliser à contre-jour, pour bien voir le vaisseau sanguin et ne pas l'entailler. Si un peu de sang apparaissait (ce qui arrive souvent quand on coupe les ongles mais presque jamais quand on taille le bec), il faut arrêter l'hémorragie avec un hémostatique (comme ceux que l'on utilise lorsqu'on se coupe en se rasant). Appliquer ensuite de la streptomycine en poudre sur la blessure.

Mue anormale

Entérite

Symptômes : inflammation intestinale caractérisée par un certain abattement, une somnolence et une forte diarrhée ; le sujet dépérit rapidement.
Causes : aliments avariés ; changements de température ; certaines bactéries (salmonelle) ; certains bacilles (colibacille) ; certains parasites.
Prévention : une alimentation saine et complète ; un environnement sain et un habitat propre.
Traitement : propreté de l'habitat et désinfection des accessoires ; alimentation saine ; administration d'un antibiotique à large spectre et d'un antibiotique spécifique, après un éventuel examen des selles.

Mue anormale

Symptômes : chute des plumes en dehors de la période de mue ; croissance anormale de plumes et de duvet.
Causes : mauvaise alimentation ; changements de température ; mauvaise hygiène de l'habitat.
Prévention : donner une alimentation saine ; placer les oiseaux dans un lieu où la température est constante ; veiller à l'hygiène de l'habitat.
Traitement : proposer une alimentation riche et variée, ainsi que des compléments vitaminés à base de vitamines H, K, B_6, PP, A, D.

Stomatite et glossite

Symptômes : inflammation de la bouche et de la langue, qui force souvent l'oiseau à respirer le bec ouvert ; difficulté à se nourrir ; sécrétions purulentes des narines (et pharyngite dans certains cas).
Causes : aliments avariés ; affections virales, bactériennes ou mycosiques.
Prévention : aliments sains ; habitat propre.
Traitement : aliments onctueux, riches en vitamine A ; antibiotique à large spectre.

Les maladies des oisillons

Toutes les maladies qui frappent les sujets adultes peuvent aussi toucher les oisillons. Mais certaines pathologies n'affectent que les très jeunes oiseaux. Nous étudierons ici les plus importantes.

Avitaminose

Symptômes : développement lent et difficile de l'oisillon.
Causes : alimentation insuffisante de la part des parents ; carence en vitamines A, B, C.
Prévention : alimentation variée et complète de la part des parents.
Traitement : modifier l'alimentation des parents ; administrer un complément vitaminé riche en vitamines A, B, C, D.

Candidose

Les photos de la page suivante présentent un oisillon de Cacatoès soufré : on le voit d'abord en pleine forme, puis frappé de candidose.
Symptômes : mobilité réduite, difficulté à déglutir, vomissements, diarrhée, dépérissement. Le jabot et l'œsophage sont recouverts d'une membrane jaune qui fait obstacle à la digestion, jusqu'à l'empêcher tout à fait. Le sujet frappé renverse le cou en arrière. La mort est souvent inévitable si la maladie n'est pas diagnostiquée à temps.
Causes : ingestion (par l'intermédiaire de l'eau ou d'aliments infectés) de spores de *Candida albicans*.
Prévention : si l'on pense que certains sujets sont atteints, il faut stériliser les accessoires, nettoyer l'habitat et donner aux oiseaux des aliments sains, que l'on peut éventuellement laver dans de l'eau et

*Petit Cacatoès soufré (*Cacatua sulphurea sulphurea*) à l'âge de 10 jours*

Le Cacatoès à l'âge de 45 jours : il semble sain et fort

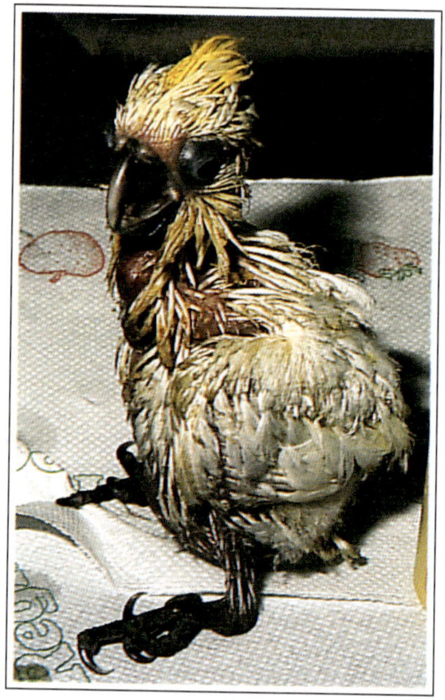

Ce même Cacatoès atteint de candidose. Il a ici 60 jours et semble plus petit que lorsqu'il en avait 45

de l'iode. Si les oisillons sont élevés artificiellement, il faut stériliser les ustensiles utilisés et faire bouillir les aliments.
Traitement : antibiotiques spécifiques ou à large spectre, associés à des antimycosiques.

Dysenterie
Symptômes : selles liquides et d'aspect visqueux, croissance difficile.
Causes : alimentation trop riche en légumes, pommes et poires.
Prévention : alimentation variée, saine et complète.

Traitement : donner des aliments secs et de la pâtée à l'œuf, dans laquelle on ajoute de la vitamine C ; mettre quelques gouttes de citron dans l'eau de boisson.

Vésicules d'eau dans le jabot
Symptômes : formation de bulles d'air sous la peau et dans le jabot ; elles finissent par attaquer le foie et entraînent la mort de l'oisillon.
Causes : mauvaise alimentation ; mauvais environnement ; dans le cas de l'élevage artificiel, l'éleveur donne mal la becquée et présente des aliments trop solides.
Prévention : alimentation saine ; dans le cas de l'élevage artificiel, administration d'une pâtée préparée comme il convient.
Traitement : préparer et donner très soigneusement les aliments, qui doivent être onctueux et à la bonne température ; administrer un antibiotique à large spectre.

QUE FAIRE SI L'ON A ADMINISTRÉ UNE PÂTÉE TROP CHAUDE ?

Si l'on s'aperçoit que l'on a donné une pâtée trop chaude aux oisillons, il faut aussitôt vider le jabot et administrer rapidement une pâtée à la bonne température ou légèrement plus fraîche. On doit ensuite mettre une pommade contre les brûlures sur la partie externe du jabot, et enfin ajouter un antibiotique à large spectre dans les pâtées suivantes, pour éviter les infections.

Les principales maladies des adultes

Examinons à présent les principales maladies susceptibles de frapper les oiseaux adultes.

Acariose

Symptômes : l'oiseau est nerveux, agité et se gratte continuellement ; il se met à tousser (dans le cas de l'acariose respiratoire) ; ses plumes sont rongées à la base (dans le cas de l'acariose des plumes) ; son plumage est ébouriffé et terne.
Cause : manque d'hygiène de l'habitat entraînant la présence d'acariens, parmi lesquels les plus répandus sont le gris et le rouge.
Prévention : propreté et hygiène de l'habitat et des accessoires ; traitements antiparasitaires périodiques.
Traitement : traitements antiparasitaires adaptés. L'acariose respiratoire est transmissible : il est donc conseillé d'isoler les sujets malades et de vaporiser sur ces derniers un produit adapté deux fois par jour pendant 2 semaines ; au bout de ce temps, l'animal sera soit guéri, soit mort. Dans le cas de l'acariose des pattes, des croûtes rugueuses et grisâtres se forment sur les membres inférieurs. Il faut appliquer une pommade acaricide, qui permet d'éliminer les croûtes et les acariens. Il est conseillé d'ajouter un complément vitaminé dans l'alimentation.

Asthme

Symptômes : respiration accompagnée de râles, d'un bruit sifflant, de toux et d'éternuements ; dans les cas les plus graves, le sujet reste prostré au fond de sa cage.
Causes : refroidissements et courants d'air, maladies mal soignées,

nourriture avariée, prédisposition héréditaire.
Prévention : alimentation et environnement sains.
Traitement : il existe des produits spécifiques à base de cortisone, qui empêchent cette maladie chronique de s'aggraver.

Coccidiose
Symptômes : diarrhée sanguinolente, bave filante s'écoulant du bec et perte de poids importante (la mort survient rapidement).
Cause : ingestion d'aliments ou d'eau contaminés.
Prévention : nettoyage et désinfection de la cage et de ses accessoires.
Traitement : utilisation d'un produit contre les coccidies ; isolement des sujets malades, qui doivent être logés dans un environnement parfaitement propre.

Conjonctivite et blépharite
Symptômes : œil chassieux, gonflé et irrité.
Causes : cette inflammation peut être due à des germes ou à des facteurs chimiques ou physiques.
Prévention : vie saine dans un habitat sain.
Traitement : un collyre et un antibiotique à large spectre dans l'eau de boisson.

Lumps
Cette maladie affecte les Fringillidés et surtout les Canaris.
Symptômes : kyste sous-cutané au niveau du dos et des ailes.
Causes : hérédité et consanguinité.
Prévention : éviter les accouplements des sujets prédisposés.
Traitement : badigeonner les kystes de teinture d'iode ou les énucléer.

Perte du plumage
Elle touche surtout les oiseaux de grande taille ou de taille moyenne habitués à la vie domestique.
Symptômes : le sujet est agité et perd son plumage, comme on le voit sur la photo de cette page.
Causes : solitude et besoin de compagnie.
Prévention : ne pas laisser seul trop longtemps un animal habitué à la présence de l'homme.
Traitement : compagnie ; alimentation enrichie de compléments de vitamines et de sels minéraux ainsi

Perte du plumage

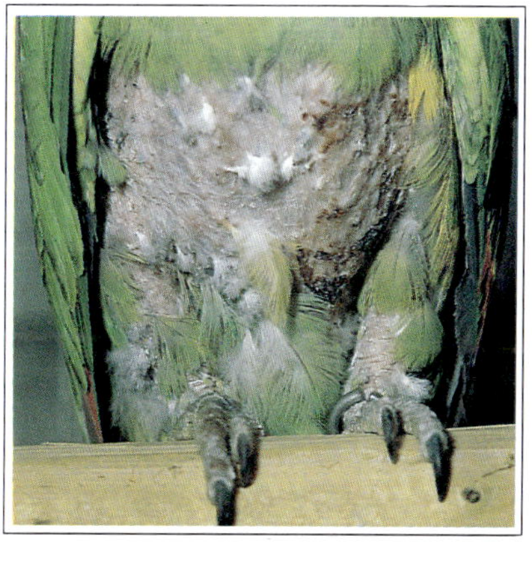

que d'un produit contre le stress (disponible dans le commerce).

Pneumonie
Symptômes : difficultés respiratoires, écoulement de mucus des narines, malaise généralisé.
Causes : courants d'air, brusques changements de température.
Prévention : emplacement correct de la cage.
Traitement : placer la cage dans un endroit chaud ; administrer un antibiotique ; ajouter des vitamines à l'alimentation normale.

Psittacose
Cette maladie n'affecte que les Perroquets ; elle est rare et peut être transmise à l'homme.
Symptômes : malaise généralisé, fièvre, perte d'équilibre et convulsions, paralysie et mort.
Cause : contact avec des porteurs du virus.
Prévention : hygiène scrupuleuse de la cage et des accessoires ; faire preuve de prudence lors de l'achat de nouveaux sujets.
Traitement : isoler les sujets malades ; administrer un traitement à la tétracycline et la pénicilline, désinfecter la cage et les accessoires. Incinérer les cadavres pour éviter toute contamination.

Salmonellose
Cette maladie peut être transmise à l'homme.
Symptômes : malaise généralisé, diarrhée et mort.
Causes : ingestion d'aliments contaminés ; contact avec des animaux porteurs (rats, mouches, pigeons, etc.).
Prévention : propreté.
Traitement : antibiotique à large spectre et propreté méticuleuse.

Vers intestinaux
Symptômes : somnolence, amaigrissement, petits fragments blancs dans les selles, mort par occlusion intestinale.
Causes : manque d'hygiène ; présence de cestodes, d'ascaris, de capillaires.
Prévention : propreté.
Traitement : administration d'un vermifuge.

Adresses utiles

Fédération française d'ornithologie
Présidente : Mme Darmagnac
1, lotissement des Roussières
Route de Saint-Jean-de-Monts
85550 La Barre-de-Monts
Tél. : 02 51 68 56 23

UOF COM France
Secrétariat : M. Gassmann
2. rue des Dahlias
95500 Gonesse
Tél. : 01 39 85 82 37

Ministère de l'Environnement Direction de la Nature et des Paysages
Convention de Washington
20, avenue de Ségur
75302 Paris
Tél. : 01 42 19 20 21

LPO (Ligue pour la Protection des Oiseaux)
La Corderie royale
BP 263
17305 Rochefort Cedex
Tél. : 05 46 82 12 34

Bibliographie

FIGUERAS (E.), *Les Inséparables*, De Vecchi, 1996.
Les Cacatoès, De Vecchi, 1996.

GISMONDI (E.), *Les Oiseaux exotiques*, De Vecchi, 1994.
Les Oiseaux de chez nous, De Vecchi, 1996.
Guide complet des canaris de couleur, De Vecchi, 1995.
Le Grand Livre des oiseaux de cage et de volière, De Vecchi, 1993.
Le Grand Livre des Perruches et Perroquets, De Vecchi, 1994.

MENASSÉ (V.), *Perruches et Perroquets*, De Vecchi, 1991.

RAVAZZI (G.), *Guide des oiseaux exotiques*, De Vecchi, 1995.
Perruches et Perroquets, De Vecchi, 1994.
Le Chardonneret, De Vecchi, 1996.

Index des espèces étudiées